# REPARE SU CRÉDITO HOY

T0065777

## OTROS LIBROS DE LA SERIE ESPERANZA

(También pueden encontrarse en inglés)

*Compre su casa ahora*

*Hay una respuesta*

*Consiga un trabajo hoy*

*Obtenga la ciudadanía americana para usted y su familia*

SERIE ESPERANZA

# REPARE SU CRÉDITO HOY

RDO. LUIS CORTÉS JR.

En colaboración con

Karin Price Mueller

**ATRIA** BOOKS

New York London Toronto Sydney

Atria Books

1230 Avenue of the Americas

New York, NY 10020

Copyright © 2006 por Luis Cortés Jr.

Traducción copyright © 2006 por Luis Cortés Jr.

Traducido por Vicente Echerri

Todos los derechos están reservados, incluido el derecho de reproducción total o parcial en cualquier forma. Para obtener cualquier información diríjase a: Atria Books, 1230 Avenue of the Americas, New York, NY 10020

Library of Congress Cataloguing-in-Publication Data

ISBN-13: 978-0-7432-8806-4

ISBN-10:    0-7432-8806-8

Primera edición en rústica de Atria Books, octubre 2006

10  9  8  7  6  5  4  3  2  1

**ATRIA** B O O K S es un sello editorial registrado de Simon & Schuster, Inc.

Impreso en los Estados Unidos de América

Para obtener información respecto a descuentos especiales en ventas al por mayor, diríjase a *Simon & Schuster Special Sales* al 1-800-456-6798 o a la siguiente dirección electrónica: business@simonandschuster.com.

# ÍNDICE

# PREFACIO

Los problemas de crédito no pueden ignorarse. No importa cuánto dinero usted gane ni donde viva, si ha cometido errores de crédito en el pasado, esos errores lo perseguirán —a menos que se disponga a resolverlos. Y usted puede hacerlo.

Digamos que debe 5.000 dólares en tarjetas de crédito. Al 18 por ciento de interés, si paga solamente el mínimo al mes, arrastrará esa deuda por el gigantesco plazo de 313 meses, o sea más de 26 años, y pagará más de 7.100 dólares en costos de interés —mucho más que la totalidad de la deuda original.

No se asuste por las cifras. Cualquier deuda, no importa cuán alarmante sea la cifra, puede pagarse, con un poco de planificación y mucha determinación. En primer lugar, sepa que no está solo. Aproximadamente 51 millones de familias norteamericanas tienen deudas de tarjetas de crédito con un saldo promedio de aproximadamente 12.000 dólares, según datos de cardweb.com. Y eso se debe a algo más que gastos en demasía. No siempre pagamos a tiempo o manejamos con inteligencia el dinero que tenemos. Tiramos más de 24.000 millones de dólares en cargos de tarjetas de crédito el año pasado, incluidos los cargos por pagos atrasados y los cargos por incurrir en extralimitaciones.

Antes de que pueda arreglar sus problemas, necesita entender por qué los problemas de crédito pueden ser tan dañinos. Si no tiene un buen historial de crédito, tendrá dificultades para salir adelante económicamente. Puede ser difícil conseguir una hipoteca para comprar una casa o un préstamo para comprar un auto. O si un prestador o entidad crediticia decide concederle un crédito, le impondrá condiciones onerosas. Pagará tasas de interés excesivamente altas por el privilegio de obtener dinero en préstamo. Por no haber mostrado responsabilidad en su historial de pagos en el pasado, los prestadores no van a querer asumirlo como un riesgo.

Pero, valga insistir, usted puede arreglarlo. Con paciencia, tiempo y una firme determinación, usted puede limpiar su historial de crédito y llegar a ser atractivo para los prestadores. Este libro le mostrará de qué manera.

# INTRODUCCIÓN

El crédito es una herramienta que nos permite adquirir algo hoy con el dinero que ganaremos mañana. También nos permite discernir quiénes somos como seres espirituales. En las Sagradas Escrituras encontramos muchos textos que se refieren al dinero o las finanzas; entre ellos encontramos uno de los versidulos bíblicos más citados: «Porque el amor al dinero es la raíz de toda clase de males. Por codiciarlo, algunos se han desviado de la fe y se han causado muchísimos sinsabores».[1]

Este texto de la Escritura explica como el dinero puede pasar de ser una simple herramienta para convertirse en el centro de la vida de uno. Debemos entender que el crédito se nos ofrece para la compra inmediata de un artículo necesario que podemos costear. Como gente de fe, es importante que sepamos cuándo podemos usar el crédito. Demasiadas personas piden prestado del futuro para adquirir cosas que realmente no necesitan en el presente. Si piensa pedir prestado del futuro, debería preguntarse, ¿por qué estoy pidiendo adelantos de mis ganancias futuras. ¿Estoy pidiendo un préstamo del futuro para invertir en el presente de manera que mi futuro sea mayor? ¿Puedo ahorrar para adquirir esto en lugar de usar mi crédito? Para la mayoría de nosotros, las decisiones que tomamos son entre «una cosa y la otra». Compramos una cosa a crédito, pero

---

1. Timoteo 6:10. Nueva Versión Internacional, Sociedad Bíblica Americana.

la gran mayoría de esas compras no son inversiones para el futuro sino compras que se comen nuestras futuras ganancias, más el interés, para la satisfacción de un innecesario deseo inmediato.

El crédito debe usarse primero y sobre todo en ayudarlo a usted mismo, a su familia y a su comunidad. Si podemos concentrarnos en lo más importante —el desarrollo de nuestras vidas espirituales, académicas e intelectuales— estamos en camino de una situación económica más sana.

Aprendamos, pues, acerca del crédito y, si lo necesitamos, reparémoslo.

# PRIMER PASO CÓMO LO VEN LOS PRESTADORES

Los prestadores —o entidades crediticias— no quieren tratarlo como si usted fuera una cifra o un pedazo de papel. Pero los prestadores están al frente de un negocio y tienen sus limitaciones. Tienen que trabajar dentro de ciertas reglas y valerse de ciertas fórmulas, antes de prestarle dinero. No importa si usted es una persona agradable, si ha perdido su empleo o si tuvo una mala relación que le ha dejado metido en un hueco. Los prestadores tienen que depender de una serie de informes escritos, y de un número, para llegar a enterarse de todo lo que necesitan saber acerca de usted. Lo que ellos usan para tomar sus decisiones es su historial de crédito.

## SU INFORME DE CRÉDITO

El informe por escrito de que dependen los prestadores es su informe de crédito. Un informe de crédito es esencialmente un historial de toda su vida financiera, desde la primera tarjeta de crédito hasta el momento actual.

Existen tres compañías principales que se dedican a rastrear su historial de crédito. Se les llama agencias de información de crédito. Estas compañías —*Equifax, Trans-Union y Experian*— mantienen registros semejantes de su historial de crédito. Cuando un prestador está contemplando la posibilidad de concederle un préstamo o una tarjeta de crédito, se dirigirá a una de estas tres agencias y le solicitará una copia de su historia de crédito. En base a la información que se encuentre en su expediente, el prestador decidirá si se arriesga o no con usted, cuánto puede prestarle y a qué tasa de interés.

## QUÉ APARECE EN SU INFORME

Cada una de las agencias de información de crédito usa un formato diferente para la información que recoge, pero las tres tienen básicamente la misma información. Usted primero encontrará información que le resulta familiar, tal como su nombre, número de Seguro Social o Número de Identificación del Contribuyente Individual (ITIN, sigla en inglés) y su dirección. Su información de empleo también aparecerá aquí.

Luego, encontrará una lista de todas las cuentas de crédito que usted ha tenido. Le mostrará si la cuenta está cerrada o abierta, cuando fue abierta (y cerrada, si ha sido cerrada), su límite de crédito o cantidad prestada, el saldo de la cuenta y su historial de pagos. Es aquí donde los prestadores verán si usted ha estado pagando sus deudas a tiempo.

Luego sigue la sección de indagaciones. Una indagación es cuando alguien pide una copia de su informe de crédito. Las indagaciones podrían venir de prestadores o incluso del dueño de su casa o de un empleador. El informe incluye tanto las indagaciones voluntarias, que son aquellas que se producen cuando usted autoriza a los prestadores a que verifique su informe cuando solicita un crédito, e indagaciones involuntarias, que se producen cuando los prestadores solicitan un informe por su cuenta; por ejemplo, si quieren enviarle por correo una oferta de crédito aprobado de antemano.

Por último, su informe de crédito tendrá una sección que incluye información de antecedentes, usualmente basada en documentos presentados ante un tribunal. Esto puede incluir información sobre agencias de cobranza que buscan restitución de fondos, quiebras, ejecuciones hipotecarias, retrasos en los pagos de manutención o pagos para el sostén de un menor, demandas legales, gravámenes, embargos de salario y juicio. También puede incluir antecedentes penales.

## OBTENGA UNA COPIA GRATUITA DE SUS INFORMES DE CRÉDITO

Si su historial de crédito muestra que usted ha hecho pagos con retraso en el pasado, o si usted ha recibido préstamos que nunca reembolsó, puede resultarle muy difícil conseguir que una nueva entidad crediticia le preste algún dinero. Y si estuvieran dispuestos a prestarle dinero, le estarían cobrando una tasa de interés muy alta —hasta el punto que usted podría pagar más intereses que la cantidad original que pidió en préstamo. Por eso es tan importante tener un buen historial de crédito. Si quiere comprar un auto, obtener una hipoteca, conseguir una tarjeta de crédito o incluso alquilar un apartamento, las personas con las que usted quiere hacer negocios querrán saber que usted constituye un riesgo aceptable. Tener un buen informe de crédito le ahorrará dinero y le permitirá alcanzar muchas de las metas financieras que tiene en la vida.

Es muy posible que su informe de crédito contenga errores. Puede mostrar que usted es moroso en una cuenta, cuando en realidad esa cuenta debería estar limpia. Por eso es esencial que usted obtenga una copia de su informe de crédito, lo lea, lo entienda y se cerciore de que es fiel.

Una nueva legislación aprobada por el Congreso, la Ley de Transacciones de Crédito Justas y Exactas (FACT ACT, sigla en inglés) le permite a todo el mundo obtener gratuitamente copias de sus informes de crédito de las tres principales agencias de información de crédito, una vez al año. Para obtener sus informes gratuitos, debe llamar al

1-877-322-8228, o visitar la página web www.Annual
CreditReport.com. Éste es un servicio centralizado creado
por las tres agencias de información de crédito para ayudar
a los consumidores a tener acceso a sus informes en un solo
lugar (a la vez que ayuda a las agencias a guardar constan-
cia de quien solicitó los informes).

Advertencia: Si usted busca por Internet, cerciórese con
mucho cuidado de que la ortografía de la página web es la
correcta. Hay páginas web de impostores con nombres
muy semejantes, y si termina en uno de esos sitios por error,
le van a ofrecer otros servicios por los que obtendrá servicios que usted realmente no necesita. La Comisión Federal
de Comercio (FTC, sigla en inglés), la agencia del gobierno
que se ocupa de la protección del consumidor y otros problemas económicos que afectan las vidas de la mayoría de
los norteamericanos, advierte que si bien el AnnualCred-
itReport.com es una página web perfectamente segura, los
consumidores deben cuidarse de no resultar engañados por
esos otros portales electrónicos. La FTC recientemente
hasta entabló una demanda contra una compañía que pro-
metía informes gratuitos, pero que no lo eran realmente.
Si lo pone nervioso escribir esta dirección electrónica,
puede dirigirse a la página web de la FTC: www.ftc.gov,
donde encontrará un enlace al auténtico AnnualCredit
Report.com. O simplemente visite el sitio de Esperanza
USA (www.esperanza.us) para conseguir un enlace directo
con el sitio web. También puede dirigirse directamente a las
tres agencias de crédito para obtener copias de sus informes, pero sólo son gratuitas si lo hace a través del portal
electrónico que mencionamos antes.

## ¿QUÉ ASPECTO TIENE EL INFORME DE CRÉDITO?

Casi todos los documentos a que nos hemos referido en este capítulo, en su forma original.

## QUÉ HACER CON SUS INFORMES

Lealo una y otra vez. Revise cuidadosamente todo el informe y cerciórese de que no contiene errores. Y los errores son comunes. Según un estudio del Grupo de Investigación de Interés Público de EE.UU. (U.S. PIRG, sigla en inglés) hasta un 79 por ciento de los informes de crédito contienen errores. El estudio halló que el 25 por ciento de esos errores son lo bastante serios como para dar lugar a que un crédito fuera fácilmente denegado a los consumidores debido a la información errónea (el estudio se titula: «Los errores sí ocurren: un vistazo a los errores en los Informes de Crédito del Consumidor» [«*Mistakes Do Happen: A Look at Errors in Consumer Credit Reports*»]. Diríjase a Ed Mierzwinski 202-546-9707).

Los sitios en la web de las tres agencias de información de crédito tienen instrucciones muy explícitas de cómo leer sus informes, aunque parezcan de algún modo distintos por la forma que tienen de presentar la información. Y si usted ve algo que no entiende, llame al número gratis de la agencia y un representante de servicio al cliente puede ayudarlo a traducir la jerga, o explicarle cualquier otra cosa que no tenga mucho sentido para usted.

# experian®

## Online Personal Credit Report from Experian for

Experian credit report prepared for
**JOHN Q CONSUMER**
Your report number is
**1562064065**   **1**
Report date:
**01/24/2005**

*Report number:*
You will need your report number to contact Experian online, by phone or by mail.

Index:
- Potentially negative items
- Accounts in good standing
- Requests for your credit history
- Personal information
- Important message from Experian   **2**
- Contact us

*Index:*
Navigate through the sections of your credit report using these links.

Experian collects and organizes information about you and your credit history from public records, your creditors and other reliable sources. Experian makes your credit history available to your current and prospective creditors, employers and others as allowed by law, which can expedite your ability to obtain credit and can make offers of credit available to you. We do not grant or deny credit; each credit grantor makes that decision based on its own guidelines.

back to top

## Potentially Negative Items   **3**

*Potentially negative items:*
Items that creditors may view less favorably. It includes the creditor's name and address, your account number (shortened for security), account status, type and terms of the account and any other information reported to Experian by the creditor. Also includes any bankruptcy, lien and judgment information obtained directly from the courts.

## Public Records

Credit grantors may carefully review the items listed below when they check your credit history. Please note that the account information connected with some public records, such as bankruptcy, also may appear with your credit items listed later in this report.

**MAIN COUNTY CLERK**
Address:                          Identification Number:        Plaintiff:
123 MAINTOWN S                    1                             ANY COMMISSIONER O.
BUFFALO , NY 10000

Status:                                                         Status Details:
Civil claim paid.                                              This item was verified and updated on 06-2001.

Date Filed:          Claim Amount:
10/15/2000           $200
Date Resolved:       Liability
01/04/2001           Amount:
                     NA

Responsibility:
INDIVIDUAL

## Credit Items

For your protection, the last few digits of your account numbers do not display.

**ABCD BANKS**

Address:                     Account Number:
100 CENTER RD                1000000....
BUFFALO, NY 10000
(555) 555-5555
Status: Paid/Past due 60 days.

Date Opened:        Type:
10/1997             Installment
Reported Since:     Terms:
11/1997             12 Months
Date of Status:     Monthly
01/1999             Payment:
                    $0
Last Reported:      Responsibility:
01/1999             Individual

Credit Limit/Original Amount:
$523
High Balance:
NA
Recent Balance:
$0 as of 01/1999
Recent Payment:
$0

Account History
60 days as of 12-1998
30 days as of 11-1998

*Status:*
Indicates the current status of the account.

If you believe information in your report is inaccurate, you can dispute that item quickly, effectively and cost free by using Experian's online dispute service located at:

www.experian.com/disputes

Disputing online is the fastest way to address any concern you may have about the information in your credit report.

**MAIN COLL AGENCIES**

Address:                    Account Number:              Original Creditor:
PO BOX 123                  0123456789                   TELEVISE CABLE COMM.
ANYTOWN, PA  10000
(555) 555-5555
Status: Collection account. $95 past due as of 4-2000.

Date Opened:   Type:          Credit Limit/Original Amount:
01/2000        Installment    $95
Reported Since: Terms:        High Balance:
04/2000        NA             NA
Date of Status: Monthly       Recent Balance:
04/2000        Payment:       $95 as of 04/2000
               $0             Recent Payment:
Last Reported:  Responsibility: $0
04/2000        Individual

Your statement:  ITEM DISPUTED BY CONSUMER

Account History:
Collection as of 4-2000

## Accounts in Good Standing  5

**AUTOMOBILE AUTO FINANCE**

Address:               Account Number:
100 MAIN ST E          12345678998...
SMALLTOWN, MD  90001
(555) 555-5555
Status: Open/Never late.

back to top

*Accounts in good standing:*

Lists accounts that have a positive status and may be viewed favorably by creditors. Some creditors do not report to us, so some of your accounts may not be listed.

*Type:*
Account type indicates whether your account is a revolving or an installment account.

Date Opened:       Type:
01/2000            Installment
Reported Since:    Terms:
01/2000            65 Months
Date of Status:    Monthly
08/2001            Payment:
                   $210
Last Reported:     Responsibility:
08/2001            Individual

**6**

Credit Limit/Original Amount:
$10,355
High Balance:
NA
Recent Balance:
$7,984 as of 08/2001
Recent Payment:
$0

**MAIN**
Address:                          Account Number:
PO BOX 1234                       1234567898876
FORT LAUDERDALE, FL 10009
Status: Closed/Never late.

Date Opened:       Type:
03/1991            Revolving
Reported Since:    Terms:
03/1991            1 Months
Date of Status:    Monthly
08/2000            Payment:
                   $0
Last Reported:     Responsibility:
08/2000            Individual

Credit Limit/Original Amount:
NA
High Balance:
$3,228
Recent Balance:
$0 /paid as of 08/2000
Recent Payment:
$0

Your statement:
Account closed at consumer's request

# Requests for Your Credit History    7    back to top

## Requests Viewed By Others

We make your credit history available to your current and prospective creditors and employers as allowed by law. Personal data about you may be made available to companies whose products and services may interest you.

The section below lists all who have requested in the recent past to review your credit history as a result of actions involving you, such as the completion of a credit application or the transfer of an account to a collection agency, mortgage or loan application, etc. Creditors may view these requests when evaluating your creditworthiness.

### HOMESALE REALTY CO

Address:                                    Date of Request:
2000 S MAINROAD BLVD STE                    07/16/2001
ANYTOWN CA 11111
(555) 555-5555
Comments:
Real estate loan on behalf of 1000 COPRORATE COMPANY. This inquiry is scheduled to continue on record until 8-2003.

### ABC BANK

Address:                                    Date of Request:
PO BOX 100                                  02/23/2001
BUFFALO NY 10000
(555) 555-5555
Comments:
Permissible purpose. This inquiry is scheduled to continue on record until 3-2003.

### ANYTOWN FUNDING INC

Address:                                    Date of Request:
100 W MAIN AVE STE 100                      07/25/2000
INTOWN CA 10000
(555) 555-5555
Comments:
Permissible purpose. This inquiry is scheduled to continue on record until 8-2002.

*Requests for your credit history:*

Also called "inquiries", requests for your credit history are logged on your report whenever anyone reviews your credit information. There are two types of inquiries.

*Requests viewed by others*

Inquiries resulting from a transaction initiated by you. These include inquiries from your applications for credit, housing or other loans. They also include transfer of an account to a collection agency. Creditors may view these items when evaluating your creditworthiness.

## Requests Viewed Only By You

The section below lists all who have a permissible purpose by law and have requested in the recent past to review your information. You may not have initiated these requests, so you may not recognize each source. We offer information about you to those with a permissible purpose, for example, to:

- other creditors who want to offer you preapproved credit;
- an employer who wishes to extend an offer of employment;
- a potential investor in assessing the risk of a current obligation;
- Experian or other credit reporting agencies to process a report for you;
- your existing creditors to monitor your credit activity (date listed may reflect only the most recent request).

We report these requests **only to you** as a record of activities. We **do not** provide this information to other creditors who evaluate your creditworthiness.

### MAIN BANK USA

Address:
1 MAIN CTR AA 11
BUFFALO NY 10000

Date of Request:
08/10/2001

### MAINTOWN BANK

Address:
PO BOX 100
MAINTOWNS DE 10000
(555) 555-5555

Date of Request:
08/05/2001

### ANYTOWN DATA CORPS

Address:
2000 S MAINTOWN BLVD STE
INTOWN CO 11111
(555) 555-5555

Date of Request:
07/16/2001

*Requests viewed only by you*

Inquiries resulting from transactions you may not have initiated but that are allowed under the FCRA. These include preapproved offers, as well as for employment, investment review, account monitoring by existing creditors, and requests by you for your own report. These items are shown only to you and have no impact on your creditworthiness or risk scores.

## Personal Information  **8**

The following information is reported to us by you, your creditors and other sources. Each source may report your personal information differently, which may result in variations of your name, address, Social Security number, etc. As part of our fraud-prevention program, a notice with additional information may appear. As a security precaution, the Social Security number that you used to obtain this report is not displayed. The Geographical Code shown with each address identifies the state, county, census tract, block group and Metropolitan Statistical Area associated with each address.

**Names:**
JOHN Q CONSUMER
JONATHON Q CONSUMER
J Q CONSUMER

**Social Security number variations:**
999999999

**Year of birth:**
1954

**Employers:**
ABCDE ENGINEERING CORP

**Telephone numbers:**
(555) 555 5555 Residential

Address: 123 MAIN STREET
ANYTOWN, MD 90001-9999
Type of Residence: Multifamily
Geographical Code: 0-156510-31-8840

Address: 555 SIMPLE PLACE
ANYTOWN, MD 90002-7777
Type of Residence: Single family
Geographical Code: 0-176510-33-8840

Address: 999 HIGH DRIVE APT 15B
ANYTOWN, MD 90003-5555
Type of Residence: Apartment complex
Geographical Code: 0-156510-31-8840

**9**

*Personal information:*

Personal information associated with your history that has been reported to Experian by you, your creditors and other sources.

May include name and Social Security number variations, employers, telephone numbers, etc. Experian lists all variations so you know what is being reported to us as belonging to you.

*Address Information:*

Your current address and previous address(es)

## Your Personal Statement  **10**

No general personal statements appear on your report.

*Personal statement:*

Any personal statement that you added to your report appears here.

Note - statements remain as part of the report for 2 years and display to anyone who has permission to review your report.

## Important Message From Experian

back to top

By law, we cannot disclose certain medical information (relating to physical, mental, or behavioral health or condition). Although we do not generally collect such information, it could appear in the name of a data furnisher (i.e., "Cancer Center") that reports your payment history to us. If so, those names display in your report, but in reports to others they display only as MEDICAL PAYMENT DATA. Consumer statements included on your report at your request that contain medical information are disclosed to others.

## SI ENCUENTRA UN ERROR

Tiene que encargarse de corregir los errores que aparezcan en sus informes de crédito. Al proceso se le llama simplemente una impugnación o «disputa».

Si usted quiere impugnar una partida que aparece en su informe, el primer paso es dirigirse a la agencia de crédito mediante una carta, en la cual explique el error que ha encontrado. La agencia de crédito abrirá una investigación, que probablemente incluya el ponerse en contacto con la entidad crediticia que les dijo, por ejemplo, que usted dejó de hacer algunos pagos. La entidad crediticia revisará luego la información de que dispone y le remitirá a la agencia de crédito sus resultados. Si convienen en que ese ítem particular es erróneo, la agencia de crédito hará el cambio en su informe. Conforme a la ley, las compañías disponen de 30 días para investigar y remitir de vuelta los resultados.

Si necesita alguna ayuda para escribir una carta de disputa, la comisión Federal de Comercio ofrece esta carta de muestra en su sitio en la web:

Fecha
Su nombre
Su dirección
Ciudad, estado y zona postal.

Departamento de quejas
Nombre de la compañía
Dirección
Ciudad, estado y zona postal
Estimado señor o señora:
Le escribo para discrepar de la siguiente información que aparece en mi informe. Los ítems de los que discrepo los he señalado en la copia adjunta del informe que recibí.

Esta información (identifique el/los asunto(s) en disputa nombrando la fuente, tal como nombre del acreedor o tribunal de impuestos e identifique su categoría, tal como cuenta de crédito, juicio, etc.) es (inexacta o está incompleta) porque (describa lo que es inexacto o incompleto y por qué). Solicito que este ítem se borre (o exija cualquier otro cambio específico) para corregir la información.

Adjunto hallará copias de (aproveche esta oración si viene bien y describa cualquier documentación adjunta, tal como comprobantes de pago, documentos del tribunal) que respaldan mi punto de vista. Sírvase investigar este/estos asunto(s) y borrar o corregir la(s) partida(s) en disputa tan pronto como sea posible.

Atentamente,
Su nombre

También puede visitar www.esperanza.us para obtener más modelos de cartas.

Si una agencia de crédito tiene un error en su expediente, hay una buena razón para que el mismo error aparezca también en otros de sus informes. Compare sus otros dos informes de crédito para cerciorarse de que no comparten el mismo error. Si así fuese, notifíquele a la agencia en cuestión de los errores. Sepa también que la entidad crediticia que le dio a la primera agencia la información errónea está obligada a enviarle correcciones a las tres agencias, pero es prudente cerciorarse de que esto ocurre.

Si la investigación de su queja sale como usted quiere, estupendo. La entidad crediticia está obligada a darle los resultados por escrito, y si la investigación da lugar a un cambio en su informe, deben enviarle otro informe de crédito gratuito (que no se cuenta como el informe de crédito anual al que usted tiene derecho gratuitamente). Si el error se ha corregido, usted puede solicitar de la agencia de crédito que se dirija a cualquiera que haya recibido el informe equivocado en los últimos seis meses (dos años para los empleadores) a fin de comunicarles la corrección. Si la investigación no arroja los resultados que usted esperaba, y la agencia de crédito y la entidad crediticia insisten en que la información es fidedigna, no hay mucho más que usted pueda hacer para cambiarla. Pero lo que puede hacer es añadir, sin costo alguno, una breve declaración escrita a su expediente de crédito en el cual explique su versión de la historia. Su declaración por escrito entrará a formar parte de su informe de crédito y cualquiera que quiera ver su informe también tendrá que ver su versión de los hechos. A continuación una carta modelo, que también puede encontrar en www.esperanza.us:

Fecha
Su nombre
Su dirección
Ciudad, estado y zona postal
Estimado señor o señora:
Estoy en desacuerdo con (identifique aquí la partida en disputa). Di los siguientes pasos: (explique aquí las medidas que tomó para pagar ese cargo en particular, e incluya las fechas si las tiene). He impugnado el cargo, pero la compañía dice (explique aquí lo que dice la compañía). Incluyo aquí copias de (enumere aquí cualquier prueba que tenga de los pasos que ha dado).
Atentamente,
Su nombre

Es importante entender que usted no puede impugnar información negativa que sea cierta y cabal. El único modo en que desaparecen los partes negativos —tales como un reporte de quiebra— de su informe es con el paso del tiempo.

## SU CALIFICACIÓN DE CRÉDITO

Su calificación de crédito es el próximo asunto de importancia que usted debe abordar si intenta mejorar su crédito. Una calificación de crédito es simplemente un número generado por una computadora en base a los datos aportados por sus informes de crédito. Las entidades crediticias usan este número para determinar si usted les ofrece un margen de riesgo aceptable. Se valen de este número para decidir si le prestan dinero, cuánto le prestan y a que tasa de interés. La calificación de crédito más influyente que existe se llama FICO y la crea una compañía llamada Fair Isaac Inc., y es la calificación de crédito que usan las tres principales agencias de información de crédito. Usted tiene una diferente calificación FICO con cada una de las tres agencias, que puede diferir en cada una de ellas, así como su expediente de crédito puede ser diferente con cada agencia. La calificación de FICO oscila en un margen de 300 a 850, y cuanto más alto sea su número, mejor. La calificación FICO promedio es de 723. Si la suya es más baja, debe tomar las medidas necesarias para mejorar su informe de crédito y, por consiguiente, su calificación o puntaje FICO. La calificación o puntaje FICO se calcula en base a varios factores.

Su historial de pagos tiene el mayor impacto en su calificación (35 por ciento). Esto incluye pagos atrasados, pagos pendientes y antecedentes públicos negativos, tales como quiebras, embargo de salarios o irregularidades en el pago de sus obligaciones anteriores.

El próximo factor más importante es el monto de sus deudas (30 por ciento). A los prestadores les gusta ver que usted se las ha manejado bien con su crédito rotativo (tarjetas de crédito) y los préstamos a plazos (préstamos de autos e hipotecas). También quieren ver si usted ha llevado hasta el límite todo el crédito de que dispone. Las calificaciones FICO también toman en cuenta la longitud de su historical de crédito (15 por ciento). Cuanto más tiempo usted haya usado su crédito y pagado sus obligaciones, mejor, ya que ello le muestra a los prestadores que usted tiene mayores probabilidades de pagar en el futuro. El puntaje también incluye información sobre nuevos créditos (10 por ciento), y cuántas indagaciones usted ha tenido en los últimos tiempos. Y por último, detalles sobre los tipos de crédito que usted usa (10 por ciento).

Su calificación FICO no entra a considerar los datos personales de su información de crédito, tales como raza, religión, origen nacional, edad, género o lugar de residencia.

## OBTENGA SU CALIFICACIÓN FICO

A diferencia de su informe de crédito, su calificación FICO no es gratis. Existen varios modos de obtener su calificación FICO. En el sitio web de FICO, www.myfico.com, puede solicitar tres calificaciones FICO (las mismas usadas por las tres principales agencias de crédito) por $14,95 o mediante una llamada al 1-800-319-4433.

También puede obtener su calificación FICO a través de las agencias de crédito, y esto también le costará. En dependencia de lo que solicite, el costo de sus calificaciones (que usualmente se venden con copias de sus informes de crédito) puede oscilar entre 5 y 35 dólares.

Si ha solicitado un crédito, la entidad crediticia probablemente obtendrá su calificación FICO de una de las agencias. Puede pedirle al prestador que le diga cuál es su calificación (esto no le costaría nada), pero sólo las entidades que hacen préstamos hipotecarios están obligados por la ley a revelar su puntuación. Una compañía de tarjeta de créditos o cualquier otro prestador puede compartir la información con usted o rehusar hacerlo. Pero antes de pagar por este servicio, nunca está de más preguntar.

## CÓMO MEJORAR SU CALIFICACIÓN DE CRÉDITO

Si su calificación FICO está por debajo de 723, usted querrá hacer algunas mejoras. Desafortunadamente, nada sucede de la noche a la mañana. Mejorar su calificación exigirá mucha disciplina y tomará tiempo.

Lo más importante que usted puede hacer para mejorar su calificación de crédito es vigilar sus deudas actuales, no importa cuánto deba.

Debe comenzar por hacer todos sus pagos a tiempo, incluso si sólo puede pagar el mínimo requerido. El hacer sus pagos a tiempo le mostrará a las entidades crediticias que usted es responsable respecto al dinero que debe, y eso lo hace un posible prestatario menos riesgoso. Luego, debe esforzarse en pagar sus deudas. No sólo eso le mostrará a los prestadores que usted puede pagar sus cuentas, también mostrará que usted no sólo pide y pide prestado, sin capacidad de pagar.

El mejorar su calificación de crédito no le tomará un número mágico de meses o de años. Cada mes de información positiva funcionará a su favor. Acuérdese de tener paciencia y de mantener en su corazón y en su mente su objetivo a largo plazo: llegar a tener un buen crédito. (Para estrategias más detalladas sobre cómo pagar a tiempo, cómo reducir o eliminar sus deudas y cómo agregar más información positiva a su informe de crédito, lea los pasos 5, 6 y 7).

## CUÍDESE DE LOS SERVICIOS DE REPARACIÓN DE CRÉDITO

El tener una baja puntuación FICO e información negativa en sus informes de crédito podría tentarlo a encontrar un arreglo expedito. Es aquí donde intervienen los servicios de reparación de créditos. Por un costo de cientos o incluso de miles de dólares, se aprovechan de personas con mal crédito y le prometen el mundo: «¿Problemas de crédito? ¡No hay problema!», «¡Le garantizamos hacerle desaparecer su mal crédito!» «¡Podemos borrarle quiebras y malos préstamos de su informe de crédito!».

Todo eso es mentira, según la FTC. Los servicios de reparación de crédito prometen hacer lo imposible y, con frecuencia, usan estrategias ilegales para intentar limpiarle el crédito. Le sacan muchísimo dinero y usted no obtiene nada a cambio. No caiga en eso. Lo único que mejorará su crédito es el tiempo y, de parte suya, el uso positivo y responsable del dinero. La FTC dice que debe estar atento a estas señales de alarma de las compañías que ofrecen servicios de reparación de créditos:

• Compañías que quieren que usted pague por servicios de reparación de crédito antes de brindarle ningún servicio.

• Compañías que no le dicen a usted cuáles son sus derechos legales y lo que puede hacer gratuitamente por sí mismo.

• Compañías que le recomienden que no se ponga en contacto directamente con una agencia de información de crédito.

• Compañías que sugieren que usted intente inventarse una «nueva» identidad de crédito —y luego, un nuevo informe de crédito— solicitando un nuevo Número de Identificación de Empleador para usarlo en lugar de su Número de Seguro Social.

- Compañías que le aconsejan que rechace toda la información que aparece en su informe de crédito o que emprenda acciones que parezcan legales, como la de crearse una nueva identidad crediticia.

Usted podría terminar en la cárcel. Aunque sea la compañía la que lo haya aconsejado, es responsibilidad suya mantenerse dentro de la ley. Es un delito federal mentir en una solicitud de préstamo o de crédito, y usted pudiera resultar acusado de fraude postal o electrónico si usa el correo o el teléfono para solicitar un crédito bajo falsas premisas. Las compañías que hacen estas promesas no pueden legalmente suprimir ninguna información negativa de su informe de crédito. Las únicas cosas que estas compañías pueden hacer por usted son las que ya usted puede hacer por su cuenta, gratis (tales como cuestionar un error que aparezca en su informe).

Por ley, antes de firmar un contrato con una compañía de reparación de crédito, deben darle una copia de un documento llamado «Derechos del expediente de crédito del consumidor conforme a las leyes estatales y federales» *(Consumer Credit File Rights Under State and Federal Law)*. Esta ley describe lo que pueden y no pueden hacer las compañías de reparación [de crédito], y esto incluye que no pueden prometer falsamente los servicios que pueden prestarle y que no pueden cobrarle hasta que hayan concluido de prestarle los servicios que han prometido. También deben darle un período de tres días de espera, durante el cual usted pueda cambiar de opinión y renunciar a cualquier contrato que haya firmado con ellas.

También deben darle un contrato por escrito que le dará una descripción detallada de los servicios que ofrecen y exactamente lo que esos servicios le costarían. También deben decirle cuánto tiempo les tomará obtener resultados. Si usted ha usado los servicios de una compañía de reparación de crédito y no ha conseguido lo que le prometieron, o si sospecha que [esta compañía] ha actuado ilegalmente de algún modo, debe denunciar a la compañía en la oficina del Fiscal General (Attorney General) de su estado. Busque el número local en su directorio telefónico, o vaya al sitio web www.naag.org, donde encontrará una lista de los fiscales generales del estado.

# SEGUNDO
## PASO LA COMPRENSIÓN
## DE LA DEUDA

Al igual que la mayoría de los norteamericanos, probablemente usted ha acumulado una buena cantidad de deudas. Primero, sepa que no está solo. Aproximadamente 51 millones de familias norteamericanas tienen deudas de tarjetas de crédito con un saldo promedio de aproximadamente 12.000 dólares, según CardWeb.com Inc. (www.cardweb.com). Y eso es algo más que exceso de gastos. No siempre pagamos a tiempo o somos prudentes con el dinero que poseemos. El año pasado tiramos más de 24.000 millones de dólares en cargos por tarjetas de crédito, incluidos los cargos por pagos atrasados y por extralimitaciones en el crédito. Añadido a nuestro saldo, eso lo único que logra es que nuestra deuda aumente con mayor rapidez.

Usted probablemente tenga una idea general de cuánto debe, pero es probable que no haya sumado todo últimamente. Es una sensación descorazonante verlo todo puesto en blanco y negro, especialmente si sus informes de crédito incluyen algunas marcas negativas. Pero usted puede retomar el control de su situación económica, y el primer paso es la sinceridad. Si intenta perder peso, el primer paso consiste en subirse a la báscula y ver cuánto pesa hoy para saber cuántas libras quiere perder. No importa cuán fea pueda ser la verdad, tiene que mirarla directamente a la cara y enfrentarla, de una vez y por todas.

Este es el momento de ser sincero con usted mismo, tocante a la cantidad exacta que debe. A menos que entienda cabalmente a cuánto ascienden sus deudas, no podrá preparar un plan para eliminarlas, al menos uno que vaya a funcionar. Va a examinar el monto total de su deuda personal y va a calcular como funciona: cómo se calcula el interés, que deuda debe intentar saldar primero, y que deuda podría ser prudente mantener.

## ¿CUÁNTO DEBE?

No adivine. Reúna todas las facturas de todas las clases de deudas que tenga. Si ha estado cargando muchas cosas a sus tarjetas de crédito, llame al número 800 que aparece en sus estados de cuentas para que obtenga cifras más precisas y actualizadas de lo que debe. Ahora busque un pedazo de papel y muéstrese organizado. Cree una tabla, rellénela con las cantidades que debe y las tasas de interés. Use un lápiz, de manera que pueda actualizar la tabla según haga sus pagos. He aquí un ejemplo:

| Entidad crediticia | Cantidad debida | Tasa de interés | Próximo pago | Fecha de vencimiento |
|---|---|---|---|---|
| Tarjeta de créd. 1 | $5,674 | 18.9% | $113 (mínimo) | 10/4 |
| Tarjeta de créd. 2 | $3,954 | 23.0% | $79 (mínimo) | 10/7 |
| Préstamo de auto | $17,542 | 9.9% | $352.46 | 10/9 |
| Cuenta del médico | $742 | 0% | $742 | atrasada |

Encuentre un sitio donde fijar su tabla. Elija el refrigerador, el espejo del baño o algún otro lugar en que lo vea constantemente. Ya sé, probablemente usted no quiere mirar eso varias veces al día, pero es hora de dejar de esconderse de la realidad de sus deudas. En lugar de hacer que usted se sienta deprimido, esta tabla debe darle ánimo. Cada vez que usted haga un pago, va a actualizar la tabla, y verá como el total de su deuda se achica. La tabla se convertirá en algo para sonreír.

¿No se convence? Usted no es un niño, y no necesita pajaritos pintados que lo incentiven a obrar bien. Pero puede aspirar a obsequiarse con algo una vez que haya pagado la deuda. ¿Tiene la meta de tomarse unas vacaciones o de comprar un auto nuevo, o tal vez de comprar algo especial? Recorte una foto de lo que quiere y póngala junto a la tabla. Le ayudará a recordar por qué es tan importante que siga pagando esas deudas.

### ¿CUÁNTO ES DEMASIADO?

Casi todo el mundo tiene alguna clase de deudas. Ya sea una hipoteca, el préstamo de un automóvil, un préstamo de estudiante o tarjetas de crédito, la mayoría de las personas deben pedir prestado, ya que no podemos pagar al contado grandes compras. Pero como usted bien sabe, puede haber demasiadas deudas en su vida.

Y usted no es único. Según CardWeb.com (www.card web.com), la familia norteamericana promedio tenía 9.312 dólares en deudas de tarjetas de crédito en 2004. Pero eso es sólo una cifra estadística. Usted puede tener más deudas, o menos. Y enfrentémosla. No importa cuánto deban sus vecinos, amigos y familiares. Lo que importa es cuánto debe usted, y si es o no capaz de cumplir con sus obligaciones.

Así, pues, ¿cuánto es demasiado? No existe ninguna cifra mágica. Si usted apenas puede pagar los pagos mínimos de sus tarjetas de crédito, usted tiene demasiadas deudas. Si está dejando de hacer pagos o incumpliendo los préstamos, tiene demasiadas deudas. Y si es incapaz de ahorrar dinero para metas a largo plazo, tiene demasiadas dudas. Muchos profesionales de las finanzas, usan una fórmula sencilla, llamada una proporción de duedas, para ver si usted debe demasiado. Les gusta ver que la proporción de deudas no es mayor que el 2:1, es decir, que usted debe tener el doble de posesiones líquidas de lo que debe. Por ejemplo, por cada 1.000 dólares de deudas en tarjetas de crédito, debería tener 2.000 dólares de efectivo en el banco.

## PARA ENTENDER CÓMO FUNCIONAN LAS TASAS DE INTERÉS

En dependencia del tipo de deuda que tenga, la tasa de interés puede calcularse de manera diferente. Desafortunadamente, montones de tarjetas de crédito, por ejemplo, tienen cláusulas que le permiten a la entidad crediticia aumentar su tasa de interés si su pago llega tarde. He aquí las condiciones de las tasas de interés que necesita conocer y entender.

• APR: Sigla en inglés de Tasa Porcentual Anual. Esto es lo mismo que la tasa de interés que le cobran cuando pide prestado.

• Tasa prima: Esta es la tasa que los bancos más grandes de la nación le darán a sus mejores clientes de préstamos. Los prestadores usan la tasa prima como base para fijar las tasas de interés que le cargan al público en general por las tarjetas de crédito y otros préstamos. Su tasa de interés podría ser del «9 por ciento por encima de la tasa prima». (Puesto que en enero del 2005 la tasa prima fue del 7,25 por ciento, una tarjeta que sea la tasa prima más el 9 por ciento tendría una tasa de interés de 16,25 por ciento). La mayoría de las entidades crediticias usan la tasa prima conforme la calcula el *Wall Street Journal*. Esta tasa puede mantenerse idéntica durante años, o puede cambiar varias veces al año.

- Tasa fija o APR fijo: ésta es una tasa de interés que generalmente no cambia.
- Tasa variable o APR variable: esta tasa cambiará. Se calcula en base a ciertos índices económicos, tales como la tasa prima y otros. Cuando el índice sube o baja, así le ocurre a la tasa de interés que usted paga.
- Tasa de multa: si está retrasado en los pagos, su prestador puede aumentarle su tasa de interés hasta una multa predeterminada, tal como aparece escrito en las cláusulas de letra menuda de su contrato. Incluso si usted tiene un impecable antecedente de pago con un prestador, una cláusula de su contrato que se llama «incumplimiento universal» le permite a su compañía de tarjeta de crédito aumentarle la tasa de interés porque usted se retrasó con *otro* prestador. Las entidades crediticias incluso pueden aumentar su tasa de interés si determinan que usted tiene demasiadas deudas en otras tarjetas o si incumple en el pago de un préstamo.

### Deuda rotativa

Las tarjetas de crédito se llaman también deudas rotativas. Usted tendrá un límite total de cuánto puede pedir prestado, y cada vez que usted hace pagos, su límite de crédito «rota» hasta ese punto. Ésta es una deuda que no tiene un pago mensual específico, y la cantidad mínima que debe pagar cada mes cambiará en dependencia de cuánto ha usado el crédito. El monto del pago mínimo varía de una tarjeta de crédito a otra. Por lo general, oscila ente el 2 y el 4 por ciento de su saldo. De manera que si usted debe 2.000 dólares y el pago mínimo es un 2 por ciento del saldo, el pago de ese mes es de 40 dólares.

La mayoría de los cargos por interés de tarjetas de crédito se calculan en base a lo que se llama el saldo promedio diario. Para alcanzar su saldo promedio mensual, se suma su saldo diario de todo un mes y luego se divide entre el número de días del mes.

Algunas tarjetas de crédito le permiten hacer diferentes transacciones, tales como adelantos en efectivo. Para estas operaciones su tasa de interés es probablemente diferente, y más alta, de lo que es para las transacciones regulares.

Cuando hace un pago en una línea de crédito rotativo —su tarjeta de crédito—, parte del pago se aplica a los cargos de intereses y parte se aplica al pago del saldo que usted debe. Digamos que la tasa de interés en esa tarjeta es del 15 por ciento. Divida la tasa de interés entre 12 meses, luego multiplique el número por su saldo (.15/12 x 2.000). En este caso, 25 dólares se aplicarán a los costos de interés y 15 dólares se aplicaran al pago de la deuda. (Si usted tiene más de una tasa de interés en la tarjeta, usualmente su pago se aplica a la parte de su saldo que está gravada con la tasa de interés más baja).

Es por eso que puede demorar tanto reducir la deuda de una tarjeta de crédito si usted sólo hace pagos mínimos. El saldo de 2.000 dólares de una tarjeta con un 15 por ciento de interés tomará 264 meses, o más de 22 años, en saldarse. Para los 2.000 dólares que usted pidió prestados, pagará más de 2.780 en cargos de interés —bastante más de la cantidad que pidió en préstamo.

Usted tiene que hacer pagos por encima del mínimo en una deuda rotativa si quiere llegar a tener las manos limpias.

### Deuda a plazos
La deuda a plazos es el tipo de préstamo que usted tendrá cuando contrae una hipoteca o compra un auto nuevo.

También puede tener préstamos a plazos de un banco, que por lo general se llaman préstamos personales.

Cuando tiene un préstamo a plazos, está pidiendo prestada una determinada cantidad de dinero para un cierto período de tiempo. Hará pagos mensuales que no cambian de un mes a otro (a menos que tome un préstamo a plazos que ofrezca tasas de interés variable —abundaremos sobre esto cuando abordemos las hipotecas, en el octavo paso). Cuando empiece a hacer pagos en préstamos a plazos fijos, al principio, sus pagos se aplicarán casi exclusivamente al interés. Según avanza el tiempo del préstamo, una parte mayor de su pago se aplicara al saldo de la cantidad que usted pidió —el capital— y menos se destinará al interés.

En general, encontrará que los préstamos a plazos tienen una tasa de interés mucho mejor que el crédito rotativo. Otra ventaja de estos préstamos es que tienen un plan de pagos fijos, de manera que usted sabe de antemano lo que debe pagar cada mes, y eso debe contribuir a hacer su presupuesto.

## BUENAS DEUDAS VS. MALAS DEUDAS

Usted podría pensar que no existen deudas buenas, pero no es verdad. Hay ocasiones en que tener deudas tiene sentido —para compras que son casi imposibles de hacer de una sola tajada, tales como la adquisición de una casa— siempre que usted tenga un plan para saldarlas.

Las hipotecas son un tipo de deudas buenas. Cierto, usted pide un montón de dinero para comprar una casa, pero a cambio consigue hacer una inversión a largo plazo. Muchas casas adquirirán valor con el tiempo y, es de esperar, que cuando haya concluido de pagar la hipoteca, su casa valga más de lo que ha pagado por ella. Y comprar una casa es más que una decisión financiera. Es un cambio en su estilo de vida. Convertirse en propietario —y tomar la hipoteca para hacerlo— le dará un extraordinario sentido de realización personal, tanto a usted como a su familia. (Usted puede obtener más información sobre todo el proceso de comprarse una casa en mi libro *Compre su casa ahora*).

Los préstamos para estudiantes son otro tipo de deuda buena. Es otra inversión en usted o en su hijo. Con el transcurso del tiempo, un diploma universitario significa que usted ganará más por el resto de su vida —tanto como el 73 por ciento más de los que sólo poseen un diploma de escuela secundaria, según la Junta Universitaria (The College Board).

Las deudas malas incluyen prácticamente toda otra clase de préstamos. Entre los que se cuentan aquellos artículos que usted paga mediante el uso de una tarjeta de crédito, artículos sin los cuales casi seguro que usted puede vivir y que, si no está pagándolos en efectivo, es muy probable que no los necesite.

Las deudas malas en forma de tarjetas de crédito usualmente tendrán una tasa de interés muy alta, y como ya hemos explicado, puede tardar años en saldarlas, especialmente si usted no puede pagar más que el mínimo.

En general, tiene sentido, desde el punto de vista financiero, mantener las buenas deudas, pagándolas lentamente cada mes, debido a la favorable tasa de interés y a los pagos mensuales fijos. Pero debe librarse de las malas deudas tan pronto como sea posible, pagando primero las tarjetas de crédito con los intereses más altos.

En el tercer paso, hablaremos acerca de los medios para eliminar sus hábitos de incurrir en malas deudas —reduciendo o cortando los gastos innecesarios, fijando sus prioridades financieras y aprendiendo a vivir dentro de sus posibilidades.

# TERCER PASO | DEJE DE GASTAR

Nadie dijo que salir de las deudas sería fácil. A fin de alcanzar su meta de reparar su crédito y salir de las deudas —mejorando así su vida—, tiene que hacer algunos sacrificios hoy. Éste es el momento para la disciplina y el autocontrol. Olvídese de esa camisa de marca, de ese CD, de ese par de zapatillas de diseñador e incluso de ese auto nuevo. Por supuesto, sería agradable tener esas cosas, pero fue de esa manera que usted se metió en este lío. Mientras usted esté saliendo del hueco, es esencial que no aumente sus deudas comprando artículos que no puede pagar.

Si ve algo que quiere una vez que ya ha pagado las cuentas del mes, muy bien, cómpreselo. No podemos vivir como monjes de clausura y tampoco debemos hacerlo. Cuando trabajamos duro, debemos disfrutar al menos algo de lo que ganamos de vez en cuando. Pero usted ya pasó meses, o incluso años, haciendo esto en demasía, disfrutando un poquito demasiadas veces, comprando a crédito porque «tenía que tenerlo». Y, con una montaña de deudas, ahora se lamenta.

Así pues, si quiere adquirir algo, una vez cada tanto, inclúyalo en su presupuesto. Y pague en efectivo.

## OPERE SOLAMENTE CON EFECTIVO

En tanto se esfuerza en eliminar sus deudas, el dinero en efectivo es el rey. Aun si cree que tiene autocontrol para dejar de gastar a crédito, tener las tarjetas de crédito en su billetera es imprudente. Debe librarse de la tentación. Hasta que sus deudas desaparezcan, ponga sus tarjetas de crédito en el hielo. Exactamente, en hielo. Tome una taza de agua y meta las tarjetas dentro. Luego ponga la taza en el congelador. Y déjela allí. Las tarjetas de crédito seguirán estando allí en el caso de una terrible emergencia. Pero a menos que se trate de la pérdida del techo, de ser incapaz de trabajar o de conseguir trabajo, de no poder obtener ayuda médica, no existe probablemente ninguna emergencia real. Si a usted le gusta la sensación del plástico en lugar del dinero en efectivo, contemple la idea de una tarjeta de débito. Si tiene una cuenta corriente en un banco, probablemente ya tenga una. Una tarjeta de débito parece una tarjeta de crédito, pero en lugar de comprar a crédito, «debita» de su cuenta corriente cada vez que usted la usa. El dinero sale directamente de su cuenta de banco, y usted no contrae deudas. Está gastando el dinero del que usted dispone.

Si no tiene una tarjeta de débito, obtenga una. Si no usa su tarjeta de débito, empiece a usarla. Es lo mismo que pagar en efectivo —siempre que ejerza algún autocontrol. Pero sea cuidadoso: la mayoría de las tarjetas de debito actualmente están vinculadas a una tarjeta de crédito. Si usted sobrepasa el límite de su cuenta corriente, comenzará a comprar a crédito. O, cuando usted vaya a usar la tarjeta, el cajero, puede preguntarle: «¿Débito o crédito?». Si usted elige crédito, estará encaminándose de nuevo por la senda de las deudas.

## EVALÚE SUS HÁBITOS DE GASTOS

Ahora fíjese atentamente adónde va a parar su dinero. Alquiler, comida y gasolina para su auto pueden parecer gastos obvios. Pero hay muchísimos lugares en los que gasta dinero que no necesita gastar. Fíjese en una simple taza de café matutino. Digamos que compra una taza de café por un dólar todos los días laborables, cinco días a la semana durante 50 semanas (supongamos que las otras dos semanas son de vacaciones). Está gastando 250 dólares al año en café. Si se fuma un paquete de cigarrillos al día, a un costo de 5,50 dólares el paquete, estará gastando 2.007 dólares al año en cigarrillos. Si compra un almuerzo en Mc-Donald's, tres días a la semana a 6 dólares cada uno, estará gastando 936 dólares al año en una hamburguesa grasienta con papas fritas.

Nadie dice que usted no debe tomar café, fumar, o consumir comidas de preparación rápida. Simplemente, dése cuenta de qué le cuestan esos «placeres culpables» ¿Podría el dinero que se gasta en eso serle más útil en alguna otra parte? Usted lo decidirá al comenzar a rastrear y analizar sus gastos.

## QUERER VS. NECESITAR
La mayoría de la gente usa la palabra «necesito» sin entrar a considerar lo que realmente significa, cuando es más bien «quiero» lo que realmente intentan expresar.

«Necesito un vestido nuevo».
«Necesito un pedazo de chocolate».
«Necesito unas vacaciones».

Puede sentir como si usted necesitara esas cosas, pero son realmente «deseos», una «necesidad» es algo sin lo cual usted no puede vivir, tal como la comida, el techo y la atención médica. Un «deseo» es más o menos todo lo demás. Usted puede vivir sin sus «deseos» aunque no siempre pueda ser feliz. Pero no le causará ningún perjuicio físico (mental tal vez) si no satisface sus «deseos».

En el mundo actual, puede resultar muy difícil distinguir entre deseos y necesidades. Encienda la TV o abra una revista y su mente se llenará de cosas que usted cree que necesita, pero ¿las necesita realmente? ¿Necesita realmente unas zapatillas de goma de marca? ¿Televisión por cable? ¿Incluso un auto?

Cuando tantas personas cercanas a nosotros gastan tanto dinero en lo que realmente son artículos de lujo, es fácil sentir como si nosotros también necesitáramos esas cosas. Son cosas que hacen la vida amable, elegante y cosas por el estilo, pero que son esencialmente deseos, no necesidades. Hay cosas sin las cuales ni siquiera podemos imaginar la vida, tales como la electricidad, pero realmente no son necesidades.

Vamos, debe estar diciendo usted, ¿qué tiene de malo que me compre un par de zapatillas nuevas o una barra de chocolate de vez en cuando? Cuando uno se refiere a un solo artículo, desde luego que no parece como un gran problema. Pero cuando no puede hacer frente a sus deudas porque está demasiado ocupado gastando el dinero en cosas que realmente no necesita, usted sí tiene un problema. Si está atrasado en el pago de sus facturas y no está ahorrando ningún dinero, debe aprender a equilibrar sus deseos y sus necesidades.

Es hora de hacer una lista. Haga una lista de todas las cosas en las cuales gasta dinero. Clasifíquela como necesidad o deseo, y sea honesto consigo mismo. Mantenga esta lista a mano para que le ayude cuando tenga que organizar su presupuesto.

Si puede pagar fácilmente sus necesidades y le sobra dinero y está libre de deudas, puede comenzar a gastar en sus deseos. Pero si una de sus necesidades debe ser librarse de las deudas, no debería gastar mucho en lo tocante a sus deseos.

## HACER UN PRESUPUESTO

Para muchas personas, presupuesto es una mala palabra. Evoca sentimientos de sacrifico, restricciones, límites y cesión del control. Si tiene algún problema con el término presupuesto, llámelo entonces un plan de gastos o un plan de flujo de dinero. Para los propósitos de este libro, se llamará presupuesto.

Un presupuesto es realmente lo opuesto de restricciones y de abandono del control. Usted está asumiendo el control de su dinero. Está estableciendo las prioridades y decidiendo dónde quiere gastar su dinero en lugar de dejar que se le escape del bolsillo cada vez que sale de casa. Si hace y sigue un presupuesto, nunca volverá a preguntarse: «¿Adónde se me ha ido todo el dinero?».

Un presupuesto es simplemente una lista de todos sus gastos comparado a sus fuentes de ingreso. Calcule cuáles son sus gastos mensuales y luego decida qué hacer con el dinero sobrante. Si no sobra nada, está bien. Un presupuesto es un documento flexible. Usted puede hacer cambios, aumentar algunas partidas y reducir otras, hasta encontrar una fórmula que le funcione.

Cuando los presupuestos no funcionan, es usualmente porque no son realistas (usted jura que nunca más volverá al cine ni saldrá a comer fuera otra vez), en extremo restringidos (una dieta que no le permita comer ninguno de sus platos preferidos es seguro que fracasará) o porque la gente simplemente abandona el presupuesto cuando tiene que negarse algo y la domina la frustración. Pero no olvide que la única razón para hacer un presupuesto es ejercer control sobre sus gastos de manera que usted pueda pagar sus deudas y mejorar su crédito.

Sus gastos se dividen en dos categorías: fijos y discrecionales. Los gastos fijos son aquellos que no cambian de un mes a otro, tales como su alquiler. Los gastos discrecionales cambian regularmente, dependiendo de cuánto usted decide gastar, digamos, en ropa o entretenimientos. Cuando ponga por escrito todos los lugares donde gasta dinero, podría sorprenderse de cuánto ha gastado en artículos sin importancia de los cuales fácilmente podría haber prescindido. Con un poco de suerte, encontrará algunas partidas de su presupuesto que podría eliminar sin cambiar significativamente su estilo de vida. (Puede luego tomar ese dinero y enviárselo a sus acreedores para reducir su deuda).

Para lograr una contabilidad precisa de su presupuesto, comience por sacar su chequera y reunir todos los recibos que pueda encontrar. Probablemente no lo ha guardado todo, de manera que, durante los próximos dos o tres meses, reúna los recibos de todas las compras, incluso de un paquete de chicles. Cuando crea que lo tiene todo, haga un esquema como éste. Elimine las categorías que no necesite, y añada otras que respondan a sus hábitos de gastos.

## ESQUEMA DE PRESUPUESTO

| Categoría | Fijo o discrecional | Pago |
|---|---|---|
| VIVIENDA | | |
| Hipoteca o alquiler | | $ |
| Segunda hipoteca/Préstamo sobre | | |
|    el capital en la propiedad | | $ |
| Impuestos sobre la propiedad | | $ |
| Seguros de propietarios/inquilinos | | $ |
| Cuotas de condominio | | $ |
| Letra de asociación | | $ |
| Mantenimiento y reparaciones | | $ |

## ESQUEMA DE PRESUPUESTO (continuación)

| Categoría | Fijo o discrecional | Pago |
|---|---|---|
| SERVICIOS PÚBLICOS | | |
| Calefacción | | $ |
| Agua | | $ |
| Energía eléctrica | | $ |
| TV por cable o por satélite | | $ |
| Teléfono | | $ |
| Celular | | $ |
| Internet | | $ |
| Recogida de basura | | $ |
| COMIDA | | |
| Víveres | | $ |
| Comidas afuera | | $ |
| Meriendas (café, caramelos, mentas, etc.) | | $ |
| CUIDADO INFANTIL | | |
| Guardería infantil | | $ |
| Niñera | | $ |
| Manutención | | $ |
| EDUCACIÓN | | |
| Matrícula | | $ |
| Préstamos escolares | | $ |
| Libros y otros materiales | | $ |
| Preceptores | | $ |
| ATENCIÓN PERSONAL | | |
| Ropa | | $ |
| Artículos de aseo personal | | $ |
| Lavandería y tintorería | | $ |
| TRANSPORTE | | |
| Pago de automóviles | | $ |
| Gasolina, viajes diarios, estacionamiento | | $ |
| Seguros, impuestos, inspección | | $ |
| Reparaciones y mantenimiento | | $ |

| Categoría | Fijo o discrecional | Pago |
|---|---|---|
| SALUD | | |
| Pago de seguros | | $ |
| Cuentas médicas no cubiertas por | | |
| el seguro | | $ |
| Recetas médicas | | $ |
| Atención ocular | | $ |
| Atención dental | | $ |
| OTROS SEGUROS | | |
| De vida | | $ |
| De incapacidad | | $ |
| De cuidado a largo plazo | | $ |
| CRÉDITO | | |
| Tarjetas de crédito de bancos | | $ |
| Tarjetas de crédito de tiendas | | |
| y gasolina | | $ |
| Otros préstamos | | $ |
| ENTRETENIMIENTO | | |
| Periódicos, revistas, libros, películas | | $ |
| Libros, DVD, CD, compra y alquiler | | |
| de vídeos | | $ |
| Pasatiempos y deportes (equipos, | | |
| ropa, etc.) | | $ |
| Vacaciones | | $ |
| Cigarrillos | | $ |
| Bebidas alcohólicas | | $ |
| Lotería/casinos/Bingo | | $ |
| MISCELÁNEAS | | |
| Donaciones benéficas | | $ |
| Animales domésticos | | |
| (comida y atención) | | $ |
| Regalos (navidades, cumpleaños, | | |
| aniversarios) | | $ |
| AHORROS | | |
| Plan 401(K) | | $ |
| Fondo universitario | | $ |
| Otras inversiones | | $ |
| Cuenta bancaria | | $ |
| TOTAL DE GASTOS | | $ |

Si usted es diestro en computadora, contemple el uso de un programa tal como Microsoft Money o Quicken, o de servicios de Internet tales como Mvelopes (www.mvelopes.com). Hacen lo mismo básicamente que un esquema de presupuesto manuscrito, pero los programas realizan algunas de las operaciones matemáticas y pueden ayudarlo a hacer proyecciones sobre cómo cambiará su presupuesto cuando usted altere sus patrones de gastos. Puede hacer el mismo tipo de análisis con un pedazo de papel, aunque no necesita ciertamente una computadora para mantener al día un presupuesto.

Tan pronto como empiece a llevar cuenta de sus gastos, debe sentarse una vez por semana a fijarse adónde se va el dinero. Esto lo ayudará a reforzar el comportamiento y a incurrir en algunos buenos hábitos. Después de unos pocos meses, puede abandonar el análisis semanal y pasar a hacerlo mensualmente.

Luego, échele un vistazo a las matrices de sus pagos de los últimos meses. Después de los impuestos sobre los ingresos y otras deducciones que le hacen a su cheque, calcule cuánto es su ingreso neto. Si varía de un mes a otro, sume todo el ingreso de un año y divídalo entre 12 para obtener su ingreso mensual promedio.

Reste luego sus gastos de sus ingresos. Si le queda algún dinero, eso es una gran noticia. Puede aumentar inmediatamente lo que le envía mensualmente a sus acreedores. Pero si el resultado es una cifra negativa, eso significa que está comprando cosas que no puede pagar. Usted tiene una ardua tarea por delante.

Haga esa lista de necesidades y deseos, y siéntese con su presupuesto. Comience en las partidas del presupuesto marcadas como fijas. Algunas de ésas no se pueden cambiar con facilidad, tales como el alquiler de su casa. Pero tal vez pueda reducir la cuenta de la televisión por cable. ¿Necesitará realmente la oferta de primera calidad? ¿Necesita realmente el cable?

Ahora, fíjese en los gastos discrecionales de su presupuesto. Es aquí donde tendrá el mayor campo de acción para ahorrar dinero. ¿Ha estado gastando cientos de dólares en deseos, tales como ropa nueva o noches afuera, en el cine? Usted podría hacer considerables reducciones aquí, y probablemente sin mucho esfuerzo. ¿Y en lo que respecta a la categoría de comida? Si come mucho afuera, contemple llevar su almuerzo en un cartucho. Si ahorra esos 6 dólares diarios en dinero del almuerzo, 5 días a la semana durante 50 semanas, habrá ahorrado 1.500 dólares al año. O renuncie al hábito diario del café de 1 dólar. Tal vez no resulte muy emocionante hacerlo, pero los ahorros lo serán.

Hágale un círculo a las partidas que pueda eliminar o reducir, y vuelva a hacer sus cuentas. Ahora deberá tener muchísimo más dinero sobrante luego de esta ronda inicial de reducciones.

Insisto, no piense en este presupuesto como unas esposas para su vida económica. Es una herramienta que lo ayudará a lograr las cosas que usted realmente quiere: un saldo de cero en sus tarjetas de crédito, cambios positivos en su historia crediticia y la capacidad de planear sus metas futuras sin caer en un pantano financiero.

## UN COMPRADOR MÁS LISTO

Al ajustar la vida a un presupuesto, va a tener que aprender a comprar con astucia. A continuación hay algunos consejos y estrategias para ayudarle a convertirse en un consumidor inteligente:

• Piense, piense y piense un poco más: antes de hacer una compra, tómese algún tiempo para pensar al respecto. Y eso no significa el tiempo que tiene que esperar en cola para llegar a un cajero disponible. Si usted ve algo que quiere, tome nota del precio y váyase. Cuando esté en su casa, lejos de la presión de la tienda, piense si el artículo es un gusto o un necesidad. Si es un gusto, pregúntese cuánto lo desea, y si vale la pena pagar menos en su tarjeta de crédito este mes por habérselo comprado. Si decide que realmente debe comprarlo, al menos espere por una rebaja. Visite otras tiendas. Compare precios. Encuentre la mejor oferta posible antes de sacar su dinero.

• Efectivo, efectivo y más efectivo: si no puede pagar en efectivo por el artículo, olvídelo. No use sus tarjetas de crédito para que no acumule más deudas.

• Revise nuevamente el presupuesto: digamos que lo que usted quiere es una chaqueta que cuesta 75 dólares. Si usted sólo ha reservado 25 dólares mensuales para ropa, tendrá que esperar tres meses, antes de que pueda permitirse la compra de la chaqueta. Y luego no debería comprar enseguida nada más.

• Haga una lista y verifíquela dos veces: cuando vaya a comprar algo, haga una lista y aténgase a ella. Comprar cosas que no estaban en sus planes ciertamente hará estallar su presupuesto. Esa compra impulsiva o no planificada no va a ayudarle a alcanzar sus metas financieras a largo plazo.

• Compre en bulto: usted puede ahorrar una cantidad de dinero substancial cuando compra los artículos diarios en bulto. Por ejemplo, la mayoría de las familias usan toallas de papel. Al verificar el precio de un solo rollo de toallas de papel, encontramos un precio de $1,39. Pero si usted compra un paquete de 15 rollos por $15,99, pagaría tan sólo $1,07 por rollo, lo cual constituye un ahorro de 32 centavos por rollo o 4,80 dólares en 15 rollos. Usted podría decir, ¿qué son cinco dólares? Bien, si puede encontrar ahorros semejantes en otros artículos que compra regularmente, estará reduciendo significativamente su cuenta de víveres.

• Compre por Internet: algunas tiendas por Internet tienen mejores precios que las tiendas locales. Debido a que estas compañías no tienen un establecimiento real, les cuesta menos hacer negocios y pueden transferirle esos ahorros a usted, el consumidor, en la forma de precios más bajos. Pero si encuentra una verdadera ganga, no le haga clic a su pedido hasta que verifique cuánto es el costo del embarque. El costo de despacharle por correo sus artículos puede elevar el precio total por encima de la cantidad que el artículo le costaría en la tienda de su localidad.

# CUARTO
## PASO NEGOCIE CON SUS ACREEDORES

La mayoría de los consumidores tienen tarjetas de crédito con tasas de interés muy altas. Tan altas que agregadas a su saldo, parece difícil, si no imposible, salir adelante. Eso no tiene por qué ser de ese modo. Usted puede crear un plan de pagos de manera que no tenga que apelar a la quiebra ni seguir pagando desmesuradas tasas de interés.

Sus acreedores quieren su dinero. No quieren que usted fracase y sea incapaz de reembolsarles. Hay montones de cosas que puede hacer para crear una deuda que le resulte menos gravosa, al tiempo de darle a sus acreedores la confianza de que verán su dinero. Lenta, pero seguramente.

### POR QUÉ LA QUIEBRA NO ES UNA OPCIÓN

Las quiebras o bancarrotas personales han estado aumentando por años. Conforme a las estadísticas más recientes, hubo más de 1,75 millones de bancarrotas personales en el período de 12 meses que terminó el 30 de septiembre de 2005. Eso significa hasta un 10,4 por ciento más que el año anterior, según el Instituto Americano de Quiebras.

Usted no tiene que añadirse a esa cifra. Si bien la quiebra puede eliminar sus deudas, le dejará una marca negra en su informe de crédito que le tomará de siete a diez años eliminar. Francamente, dejará a su evaluación de crédito frente a un largo camino para alcanzar la recuperación.

A partir del 17 de octubre de 2005, hubo algunos cambios en la ley de quiebras que hacen ahora más difícil el poder apelar a este recurso. Antes de solicitar la quiebra, conforme a la nueva ley, la persona debe recibir asesoría de crédito de un programa aprobado por el gobierno. (Para encontrar una agencia autorizada en su área, visite www.usdoj.gov/ust y en la sección llamada «Bankruptcy Reform», haga un clic en «Asesoría de crédito y educación del deudor» (Credit Counseling and Debtor Education) o visite el sitio web de Esperanza para encontrar un enlace). La persona endeudada (el deudor) debe estar sujeta a esta asesoría de crédito por espacio de 180 días. El proceso de asesoría se supone que ayude a los deudores a concebir si realmente necesitan solicitar la quiebra, o si pueden avenirse a otro plan para pagar sus deudas. Y una vez que el caso de la quiebra concluye, los deudores deben volver de nuevo a la asesoría, esta vez para aprender a hacer su presupuesto. Cuando el deudor puede probar que ha asistido a este programa de asesoría que exige la ley, el tribunal lo descargará oficialmente de todas sus deudas (si usted opta por el Capítulo 7, obtenga más información en la página 44).

Antes de que contemple ese paso —y debería abandonar la idea del todo— es de la mayor importancia entender cómo funciona la quiebra y cuáles son sus consecuencias.

## CÓMO FUNCIONA LA QUIEBRA (O BANCARROTA)

Existen dos tipos de quiebra para los individuos: el Capítulo 7 el Capítulo 13. (Los números de los «capítulos» se refieren a los capítulos de la ley federal de quiebras).

Al amparo del Capítulo 7, la mayoría de las obligaciones del deudor son descargadas o canceladas (las pensiones de divorcio y la manutención infantil no se incluyen). El deudor puede tener que entregar algunos bienes, en dependencia de la ley del estado. La aplicación del Capítulo 7 puede afectar también sus tasas de seguro, su capacidad para alquilar un apartamento e incluso de conseguir empleo. Al amparo del Capítulo 13, las deudas no se eliminan, sino que más bien se reorganizan. Eso se aplica a los deudores que disponen de un ingreso mucho mayor para tener derecho a la quiebra por el Capítulo 7. Para determinar a cuál de los dos usted pudiera tener derecho, tendrá que someterse a un examen de «medios». Este examen revisa su ingreso promedio anual en los seis meses que anteceden a la petición de quiebra, y de ese promedio deduce gastos tales como trasporte, comida, pagos mensuales que usted hace en deudas aseguradas (tales como una hipoteca o un préstamo de auto) y las llamadas deudas prioritarias como son las pensiones de divorcio y la manutención infantil. Esto lo deja con la cantidad de ingresos de que usted dispone cada mes. Si usted se queda con menos de 100 dólares de ingresos mensuales disponibles, habrá aprobado el examen de medios y podrá acogerse al Capítulo 7. Si el ingreso de que dispone está por encima de 166,66 dólares al mes, tendrá que acogerse al Capítulo 13. Si se queda en el medio, puede hacer otro cálculo. Si después de pagar sus gastos vitales y sus deudas aseguradas, le queda suficiente dinero para pagar el 25 por ciento de sus deudas no aseguradas (tarjetas de crédito) y no prioritarias durante cinco años, no puede acogerse al Capítulo 7.

### Capítulo 7

Acogerse al Capítulo 7 por lo general lleva de 4 a 6 meses y cuesta unos 200 dólares (en costos legales) si usted no utiliza los servicios de un abogado. Para comenzar el proceso, tendría que llenar un montón de formularios acerca de sus deudas, sus bienes, sus ingresos y otros artículos, y luego presentarlos ante una tribunal local de quiebras.

Una vez que haya hecho su petición, las personas y compañías a las cuales usted le debe dinero son puestas en un compás de espera que también se llama una «moratoria automática» (demandas de desahucios, paternidad, custodia y manutenciones infantiles, procesos de divorcio y demandas por violencia doméstica no se incluyen en la moratoria automática). Esto significa que las partes interesadas no pueden seguir reclamando su dinero después que su caso de bancarrota esté en proceso. (Y suponiendo que su petición de quiebra le sea concedida, nunca más podrán volver a molestarlo con cobros).

Durante ese tiempo, el tribunal asume el control legal de su propiedad (excepto de algunos artículos, que están exentos). Usted no puede vender nada ni pagar ninguna deuda sin aprobación del tribunal. El tribunal nombrará a un «fideicomisario de quiebra» *(bankruptcy trustee),* cuyo trabajo es cerciorarse de que se paguen tantas deudas suyas como sea posible. El fideicomisario revisará todo lo que usted posee y todo lo que debe en una audiencia llamada «junta de acreedores». Después de esto, cualquiera de sus propiedades que pudiera venderse para pagar sus deudas sería cobrada por el fideicomisario, pero en la mayoría de los casos, el fideicomisario determina que gran parte de esa propiedad no tiene suficiente valor o que sería muy difícil de vender. Por ejemplo, un fideicomisario no incautaría un armario lleno de ropa o una batería de cocina con intención de poner los artículos a la venta para saldar sus deudas, pero podría incautarle su sistema estereofónico, si cree que valdría la pena venderlo. (Exactamente lo que tomarán dependerá del estado en que usted viva. Algunos le permiten conservar pertenencias domésticas e inclusos anillos de compromiso o de boda, mientras otros no).

Si no quiere perder una casa o un auto en los cuales aún debe dinero —las llamadas deudas aseguradas, porque la propiedad sirve de colateral, significando con ello que el acreedor puede incautar la propiedad si usted no paga—, tiene que mantenerse al día en los pagos. Usualmente, puede hacer arreglos en lo que dura el proceso de la quiebra para conservar la propiedad mientras la siga pagando.

*Capítulo 13*
La quiebra conforme al Capítulo 13 es más un reconocimiento de la deuda que una erradicación de lo que debe. Usted presenta formularios semejantes a los que presentaría para el Capítulo 7, pero incluye la sugerencia de un plan sobre la manera de reembolsar lo que debe en el transcurso de un período de tres a cinco años. Durante este tiempo, se suspenderán los cobros mientras prosiguen las deliberaciones del tribunal. En este caso, también cuenta con un fideicomisario y, si le aceptan su plan, le pagaría directamente al fideicomisario, y éste se encargaría de que sus acreedores reciban su dinero.

Una ventaja del Capítulo 13 sobre el Capítulo 7 es que afecta menos su calificación de crédito. Con el Capítulo 13, los acreedores ven que usted está haciendo un esfuerzo para pagar sus deudas, en comparación con el Capítulo 7, en el cual le eliminan sus deudas y los acreedores por lo general no reciben nada.

No obstante, borrar el Capítulo 13 de sus informes de crédito toma más tiempo. Las quiebras se mantienen en su informe de crédito de 7 a 10 años. Con el Capítulo 13, el período de 7 a 10 años no comienza hasta que usted haya pagado sus deudas. Luego, si va a tomarle cinco años pagar, tendrá esa quiebra en sus antecedentes por un mínimo de 12 años.

Antes de dar un paso tan extremo de pedir el amparo de

la quiebra, hay muchas otras estrategias que usted podría ensayar para el pago de sus deudas.

## HAGAMOS UN TRATO

Si tiene problemas para pagar sus deudas, los acreedores pueden prestar ayuda. Ellos quieren que les paguen su dinero y no que usted recurra a la quiebra. En este último caso, puede que nunca recuperen el dinero que usted pidió en préstamo.

El interés impuesto sobre el dinero que usted pidió es probable que haya hecho crecer su deuda, y los acreedores saben esto. Pueden estar dispuestos a cambiar los términos de su cuenta para ayudarle a mantener el control. Usted tiene una mayor oportunidad de negociar un mejor trato si aún está al día en sus pagos. Si ya se encuentra atrasado, el obstáculo podría ser mayor, pero no es imposible.

Debe comenzar siendo honesto. Llame a sus acreedores y expóngales su situación. Explíqueles por qué esta teniendo problemas para cumplir con sus obligaciones, y asegúreles que usted quiere reembolsarles. Si creen que usted tiene buenas intenciones, existe una gran oportunidad de que se ofrezcan a ayudarle. Y sea amable. La gente es más probable que lo ayude si usted la trata con respeto, aun si no está de acuerdo con lo que dicen.

Antes de llamar, debe saber lo que está en condiciones de pagar. No tiene sentido llegar a un acuerdo que no podrá mantener, y el acreedor nunca volverá a confiar en usted en el futuro si no cumple su palabra. El examen de su presupuesto, y la totalidad de sus deudas a la luz de lo abordado en los capítulos anteriores, le mostrará lo que puede estar en condiciones de pagar.

Dígale a sus acreedores cuándo puede pagar y cuánto tiempo le tomará saldar la deuda. Un acreedor puede hacerle diferentes ofertas. Pueden convenir en reducir su tasa de interés, o en dejar de cobrarle intereses, siempre que usted haga pagos regulares sobre su saldo. Pueden convenir en el pago menor de la totalidad del monto que debe, si puede pagarlo inmediatamente. O pueden estar dispuestos a negociar otra clase de plan de pagos.

Algunas deudas son más fáciles de negociar que otras. Probablemente no podrá obtener nada de una compañía hipotecaria, pero las compañías de tarjetas de crédito ofrecen mejores condiciones todo el tiempo. Quieren conservarlo como cliente y, debido a que su deuda no está asegurada, no obtendrían nada si usted no puede pagar, lo cual no es el caso si usted deja de hacer pagos a su hipoteca, ya que puede perder su casa. Si ellos tienen que recurrir a una agencia de cobranza, le costará al acreedor más dinero. A ellos les resulta mejor tratar directamente con usted.

Cerciórese de que toma nota de la persona con quien habla, cuando tuvo la conversación y lo que se dijo en ella. Después de que llame y hable con el acreedor, envíele un carta de seguimiento en la cual le recuerde a la persona en lo que quedaron.

Es posible que, no importa lo mucho que usted insista, sus acreedores no lleguen a hacer ningún trato con usted. Si esto sucede, pruebe a escribirles. Explique en su carta la extensión de sus deudas y de sus ingresos y muéstreles su plan de pagos por escrito. He aquí una muestra de lo que podría enviarles (disponible también en www.esperanza.us):

Fecha
Su nombre
Su dirección
Ciudad, estado y zona postal

Departamento de quejas
Nombre de la compañía

Dirección

Ciudad, estado, zona postal

Estimado señor o señora:

Tengo problemas para cumplir con mis obligaciones crediticias y querría proponerles un plan de pagos.

Yo [explique la razón por la que tiene problemas en hacer los pagos, tal como pérdida de empleo, etc.], pero quiero cumplir con mis obligaciones. El [inserte aquí la fecha], hablé con [inserte aquí el nombre] de su compañía, y no pudimos llegar a un acuerdo de pago. Espero que ustedes reconsideren esa posición.

Yo gano [incluya aquí el monto de su salario] al año, y la totalidad de mis deudas asciende a [incluya aquí el monto de sus deudas]. Mis gastos de [incluya aquí alquiler o hipoteca y otros gastos de primera necesidad] ascienden a un total de [diga a cuánto ascienden esos gastos por mes]. Debido a que no quiero incumplir en esta cuenta, les propongo [añada aquí sus ideas de pago].

Agradezco su atención a este asunto, y por ayudarme a cumplir con mis obligaciones con ustedes.

Atentamente,

Su nombre

Puede que no tenga una respuesta positiva la primera vez. Pero sea persistente, solicite amablemente hablar con los supervisores o con personas en posiciones de mayor jerarquía en la compañía. Si es paciente y tiene determinación, tendrá una mayor oportunidad de éxito.

## RESPUESTA A LOS COBRADORES

Si usted no ha estado pagando sus deudas en absoluto, es posible que algún acreedor recura a un servicio de cobranzas. Este servicio intentará cobrarle el dinero que usted debe. Pero no se le permite que lo acose. En efecto, existen leyes que determinan cómo un cobrador puede intentar cobrarle. Usted debe entender lo que los cobradores pueden y lo que no pueden hacer. Debido a que las leyes varían ampliamente de estado en estado, debe enterarse lo que rige en su zona. Para saber a quién dirigirse en la oficina del Fiscal General de su estado, llame al 1-202-326-6000 o diríjase por Internet al www.naag.org/ag/full_ag_table.php. A este enlace también puede tener acceso en la página web de Esperanza.

El Centro Nacional de Derechos del Consumidor *(National Consumer Law Center)* también ofrece un folleto llamado *Lo que debe saber sobre cobranza de deudas (What You Should Know About Debt Collection)*. Llame al 1-617-542-9595 para solicitar un ejemplar, o visite la página web www.nclc.org. Y por último, La Comisión Federal de Comercio (www.ftc.gov) también tiene un folleto gratuito sobre la cobranza de deudas, o llame al 1-877-FTC-HELP para conseguir un ejemplar. Estos enlaces también son accesibles en la página web de Esperanza.

Esencialmente, a los cobradores les está permitido ponerse en contacto con usted por correo, teléfono, fax o en persona. No pueden llamarlo antes de las 8 de la mañana ni después de las 9 de la noche sin su consentimiento. Tampoco pueden llamarlo a su trabajo si usted no los ha autorizado a que lo hagan. No pueden comentarle a otras personas, incluido su empleador o sus vecinos, acerca de su cobranza. No pueden amenazarlo con violencia, arresto ni la advertencia de que van a intervenir su salario (a menos que el acreedor esté realmente dando pasos para hacerlo).

En el transcurso de cinco días a partir de haber hecho el primer contacto con usted, el cobrador puede enviarle alguna información por escrito. Debe decirle cuánto dinero debe, a quién se lo debe, y qué debe hacer si no está de acuerdo en que debe ese dinero.

Una vez que un cobrador se ha puesto en contacto con usted, le puede decir que no lo siga haciendo. En lo adelante no podrá ponerse en contacto con usted a menos que sea para decirle las medidas que el acreedor se dispone a tomar.

Usted puede negociar con un cobrador lo mismo que puede hacerlo con cualquier otro acreedor. Válgase de las ideas que abordamos al principio de este capítulo para negociar un plan de pagos u otra estrategia de reembolso. Pero antes de empezar a pagar, cerciórese de que tenga por escrito en qué consiste exactamente el acuerdo. Hágale incluir que se pondrá al habla con las agencias de información para explicarles los detalles de su acuerdo.

Desafortunadamente, cualquier gestión de una agencia de cobranza permanecerá en su informe de crédito durante siete años. De manera que cerciórese de que los términos de su acuerdo y las pruebas de que lo que usted paga aparezcan en su informe de crédito. Después de haber llegado a un acuerdo, puede pedirle al cobrador de deudas que elimine cualquier información negativa de su informe de crédito. Tal vez no tenga éxito, pero no pierde nada con intentarlo. Pídale también que cuando su deuda esté saldada, se refleje en el saldo de su cuenta. Eso mostrará que usted ha pagado la cuenta completamente.

## SI ENFRENTA UN DESAHUCIO

El desahucio, o procedimiento legal mediante el cual alguien es sacado a la fuerza de una propiedad alquilada, es una mala noticia para usted, el inquilino. Pero tampoco es buena para el dueño.

A los caseros no les gustan los desahucios porque les cuestan dinero. Los propietarios de inmuebles pueden tener que recurrir a costosos abogados y quedarse con una propiedad vacía para la cual deben encontrar un nuevo inquilino. Además, las leyes a menudo favorecen a los inquilinos para garantizar que nadie es echado a la calle de la noche a la mañana.

Si usted no puede pagar el alquiler de su casa, póngase en contacto con su casero inmediatamente. Él o ella podría convenir en un plan de pagos si usted muestra la capacidad de pagar lo que usted debe en el futuro. Si no puede llegar a un acuerdo, las leyes locales decidirán el próximo paso a seguir. (Para enterarse de cómo funcionan las leyes de desahucio en su comunidad, consulte la página web de asuntos legales Findelaw.com (www.findelaw.com). En este enlace, al que también tiene acceso en la página web de Esperanza, puede encontrar las leyes de desahucio estado por estado: http://realestate.findelaw.com/tenant/tenant-resources/tenant-state-laws.html.

En términos generales, antes de ser desahuciado, el casero debe darle una notificación por escrito de que usted ha quebrantado su contrato de alquiler, y en el cual le dice lo que debe hacer —tal como hacer un pago— para detener el proceso de desahucio en los tribunales. El casero no puede amenazarlo físicamente con que lo va a sacar de la propiedad, ni cambiar las llaves, ni apagarle la calefacción u otros actos hostiles semejantes. El casero lo llevará luego ante el tribunal, y usted y el casero le contarán al juez cada lado de la historia. Si el casero gana, el tribunal emitirá una orden de desahucio que le permitirá al casero disponer de la fuerza pública local para sacarlo a usted y sus pertenencias de la propiedad alquilada. Esto puede tomar tiempo, ya que la fuerza pública suele tener asuntos de mayor importancia y una larga lista de desahucios antes que el suyo.

El desahucio puede aparecen en su informe de crédito, del mismo modo que los resultados del caso de desahucio serán accesibles como parte de los documentos públicos del tribunal.

# QUINTO
## PASO PAGUE A TIEMPO

Suena sencillo. Pague sus cuentas a tiempo y reconstruirá su informe de crédito y tendrá controladas sus finanzas. Pero si tiene problemas económicos, es más fácil decirlo que hacerlo.

Pagar a tiempo es el único modo de recobrar la confianza de los acreedores y de las agencias de crédito. Es más importante pagar a tiempo que pagar la totalidad de lo que debe en su tarjeta de crédito. A las compañías de tarjetas de crédito no les importa si usted mantiene un saldo (esa es la manera en que ellas ganan dinero, en los intereses que le cobran), pero sí les importa si no paga a tiempo.

Pagar tarde significa costos más elevados, mayores tasas de interés y eventualmente informes negativos de la entidad crediticia y de las agencias de crédito.

Si bien puede sentirse de algún modo atrapado por sus deudas en tarjetas de crédito, recuerde que usted es el cliente. Si siente que no lo están tratando justamente, tiene la capacidad de buscar mejores ofertas. Por supuesto, cualquier compañía de tarjeta de crédito querrá que los clientes se atengan a sus acuerdos y hagan sus pagos a tiempo. De manera que partiremos de ese punto.

### PREPÁRESE PARA EL ÉXITO

Ya hemos explicado cómo las compañías de tarjetas de crédito calculan las tasas de interés. Pero hay mucho más que tasas de interés en el funcionamiento de las tarjetas de crédito. Es importante entender a qué otros cargos puede enfrentarse si no paga a tiempo.

Primero, sepa que si un pago tiene unos pocos días de atraso, la compañía de la tarjeta de crédito no va a reportarlo a la agencia de crédito. Usualmente los pagos tiene que tener un retraso de más de 30 días para que se lo notifiquen a las agencias. Pero los pagos que se retrasan unos pocos días aún pueden resultarle costosos. Las tarjetas de crédito instituyen cargos por tardanza para los pagos que no llegan a tiempo. Estos pueden ascender a 39 dólares. Incluso las compañías de servicios públicos, como las del gas o la electricidad, o las compañías de seguros pueden tener cargos por pagos atrasados. Todos los prestadores tienen diferentes estructuras para la aplicación de estos cargos, como consta en el contrato que recibió cuando obtuvo la tarjeta de crédito por primera vez o firmó un contrato con una compañía de servicios públicos o de cualquier otra clase. Pocos consumidores guardan estos contratos, de manera que si no está seguro de lo que le dicen respecto a cuotas y otros cargos específicos, llame al número 800 que aparece al dorso de su tarjeta o en su factura y pida una copia nueva. Gran parte de la información que querrá saber también aparece impresa al dorso de su factura mensual.

Por ley, las compañías de tarjetas de crédito deben acreditar los pagos a su cuenta el mismo día en que los reciben. Si usted no cumple con las normas de pago de la compañía, se les permite tomarse hasta cinco días para procesar su pago, y el pago podría considerarse entonces atrasado.

Comprenda también que su contrato de tarjeta de crédito dice probablemente que su tasa de interés puede aumentar substancialmente si su pago se atrasa. Así, pues, no sólo pagará un recargo por tardanza, sino que le impondrán un interés más alto.

La mayoría de los prestadores tienen también lo que se llama un «período de gracia». Un período de gracia es el tiempo que media entre la fecha en que le envían la factura y aquella en que debe pagar. Durante el período de gracia, por lo general entre 20 y 30 días desde el momento en que la entidad crediticia le envía la factura, el prestador no le carga intereses mientras espera su pago. Pero si ya usted tiene un saldo flotante por no pagar la totalidad de lo que debe cada mes, el período de gracia no se aplicará a su cuenta.

Deben tomarse algunas medidas para garantizar que sus pagos llegan a tiempo y cumplen con las normas de la compañía.

Empiece por usar siempre los cupones de pago y los sobres que la compañía le envía con su factura. Escriba la cantidad que está pagando en el cupón de pago y escriba el número de su cuenta en el cheque.

Si hace pagos del mínimo, probablemente notará que esos mínimos son más elevados de lo que solían ser. La mayoría de las tarjetas de crédito solían calcular el mínimo que usted debía pagar en base al dos por ciento de su saldo. Si bien pagar el mínimo inmediatamente es prudente para que su pago llegue a tiempo, tendrá que pagar más para poder salir de su deuda en un tiempo razonable. Explicamos en el segundo paso cómo una tarjeta de crédito con un saldo de 2.000 dólares al 15 por ciento tomará 264 meses, o 22 años, en saldarse si sólo se paga el mínimo. Eso es muchísimo tiempo. Una tarjeta de crédito con un saldo de 2.000 dólares tendría un pago mínimo de 40 dólares. Ese dos por ciento se aplicaba a intereses y cargos, y muy poco a sus compras. Pero ahora las compañías de tarjetas de crédito exigen mínimos más altos. Aunque puede afectar su bolsillo el que le exijan pagar más, es realmente por su propio bien. He aquí por qué:

Los reguladores federales de la banca —La Oficina del Contralor de la Moneda, una agencia del Departamento del Tesoro de los EE.UU.— le impusieron nuevas normas a las compañías de tarjetas de crédito, que entraron en vigor en octubre de 2005, que estipulan que los pagos mínimos deben cubrir intereses, cargos y al menos un 1 por ciento del capital (las compras que usted ha hecho). Esto probablemente habrá doblado el monto de sus pagos de un dos a un cuatro por ciento de su saldo actual.

La idea que respalda este mínimo del cuatro por ciento en lugar del dos por ciento es que ayudará a los consumidores a pagar su deuda mucho más rápidamente. En lugar de 264 meses, la saldará en 105 meses. Y también invertirá significativamente menos en intereses en el transcurso del tiempo.

## ORGANICE SUS PAGOS

En el segundo paso, explicamos cómo crear una tabla en la que aparezcan todas sus deudas. Cuando usa la tabla, podría estar tentado a esperar a que esté próxima la fecha límite para hacer el pago. Si usted quiere garantizar que nunca va a retrasarse, contemple la posibilidad de enviar el pago mínimo el mismo día en que recibe la factura (o asigne un día a la semana para el pago de la factura, y entonces pague el mínimo). Si tiene más dinero disponible para enviar más tarde en el mes, siempre puede hacer otro pago a mediados del mes. Pero debe enviar al menos el pago mínimo de manera que no le impongan un cargo por retraso. Si encuentra que demasiadas cuentas se vencen en la misma fecha, o al menos alrededor de la misma época del mes, puede llamar al prestador y preguntarle si le puede cambiar la fecha. Por ejemplo, si tiene tres tarjetas de crédito cuyo plazo de pago siempre cae alrededor del día quince de cada mes, pídale a uno de los acreedores que se lo cambie para principios del mes. Si tiene una computadora, contemple la posibilidad de usar un servicio de pago de cuentas por Internet. Muchos bancos ofrecen este servicio gratis. En lugar de escribir cheques, puede decirle al banco cuándo hacer los pagos y cuánto enviar. Establecerá un calendario de pagos semejante al que usted podría crear a mano. Muchas entidades crediticias se complacen en aceptar pagos electrónicos, si bien otras no. Pero usted puede hacerle pagos electrónicos incluso a aquellas que no los aceptan: para esos casos su banco emitirá un cheque y se los enviará sin que usted tenga que hacerlo.

Si pese a todos estos pasos, aún encuentra que se está retrasando en un pago, llame a la entidad crediticia y vea si pueden concederle, por una vez tan sólo, una extensión de la fecha de vencimiento. Esto podría ahorrarle el cargo por pago atrasado.

También tiene la opción de pagar por teléfono si teme que el pago va a llegar tarde. Simplemente llame a la tarjeta de crédito y déle el número de su cuenta corriente y el número de identificación del banco (routing number) que aparece en la parte inferior izquierda de su cheque. (Este número de identificación es lo que usan las instituciones financieras para hacer transferencias electrónicas). La mayoría de las entidades crediticias le impondrán un cargo por un pago por teléfono, que podría ascender hasta 25 dólares por un solo pago. Costoso, ciertamente, pero podría resultar más barato que el cargo por retraso y los mayores intereses que tendría que pagar si su pago no llega a tiempo.

Otra opción es enviar el pago de un día para otro a través de un servicio postal expreso, ya sea del correo o de cualquier otra agencia de mensajería, tales como FedEx o Airborne Express. También tendrá que pagar por estos servicios; de manera que sopese el costo contra los cargos que podrían imponerle a su tarjeta de crédito.

## ¿QUIÉN AYUDA A QUIÉN?

A veces podría sentirse como una víctima de sus tarjetas de crédito, o podría sentirse como si le estuvieran haciendo un favor por dejarle usar sus tarjetas. Pero en realidad, es usted quien le hace un favor a la compañía de las tarjetas de crédito, al negociar con ella y ayudarla a ganar dinero. Usted tiene el poder de tomar sus propias decisiones acerca de con quién va a hacer negocios. Ellas [las compañías] lo necesitan más a usted que usted a ellas. Las compañías de tarjetas de crédito no existirían si no tuvieran clientes. Cierto, muchas de estas compañías son gigantescas, con miles de empleados y tantos otros clientes. ¿Les importaría si usted dejara de ser su cliente?

Por supuesto que sí. Los representantes del servicio al cliente tienen instrucciones de ser amables, de tratar de ayudarle cuando usted llama, y, lo más importante, de hacer todo lo que puedan por conservarlo como cliente. Hay millares de tarjetas de crédito a disposición de los consumidores, y las compañías de tarjetas de crédito saben eso. Si usted no se siente a gusto con el servicio que recibe, se va con su negocio a otra parte.

Si su crédito no es perfecto, puede que ahora no sea el mejor momento para comenzar a buscar nuevo crédito. Por el contrario, empéñese en mejorar las condiciones con las tarjetas que ya tiene.

Si tiene una tasa de interés elevada, llame a su compañía y pregúntele si pueden rebajarle la tasa. Dígale que tiene una oferta mejor. (Vaya a BankRate.com y ciertamente encontrará una oferta competitiva. Las compañías de tarjetas de crédito saben lo que ofrece su competencia). Usted debe decir algo por este estilo:

Hola, es [su nombre]. He estado recibiendo montones de ofertas de tarjetas de crédito con bajos intereses. Estoy tentado a tomar una. ¿Pueden ofrecerme ustedes mejores condiciones?

Existe una buena oportunidad, si su cuenta está al día, de que la entidad crediticia le reduzca su tasa en unos cuantos puntos. Si usted no ha hecho sus pagos a tiempo últimamente, tendrá menos fuerza a la hora de negociar, pero siempre puede intentarlo.

## USE LAS TARJETAS DE CRÉDITO CON PRUDENCIA

No importa de cuánto crédito disponga —y tendrá mucho una vez que salde sus deudas más importantes—, tiene que mostrar autocontrol cuando se trate de usar sus tarjetas de crédito. Las tarjetas de crédito pueden ser una herramienta fantástica. Le brindan alguna protección si compra un producto defectuoso o si tiene un desacuerdo con un establecimiento.

También son convenientes, y usted no tiene que preocuparse respecto a cuánto dinero en efectivo tiene en su bolsillo antes de ir de compras. Pero sí tiene que preocuparse de saber cuánto dinero en efectivo tiene en el banco. Si no puede pagar por la totalidad de sus compras cuando llega la factura mensual, entonces no compre. Espere. Comience un plan de ahorros, al cual nos referiremos en el décimo paso. Y luego podrá pagar en efectivo por las cosas que realmente quiere. Después podrá disfrutarlas libre de deudas.

## EN BUSCA DE LAS MEJORES OPORTUNIDADES EN TARJETAS DE CRÉDITO

Si está en disposición de buscar nuevas tarjetas de crédito, el mejor instrumento a su disposición es la página web de Bankrate (www.bankrate.com). Además de contar con algunos artículos extraordinariamente educativos, el sitio ofrece un motor de búsqueda muy completo en negocios de tarjetas de crédito.

Si no tiene una computadora, esta es una buena razón para encontrar una, incluso por una o dos horas. Hable al respecto con los miembros de su familia o amistades, con su empleador o visite la biblioteca de su localidad. También puede valer la pena pagar unos pocos dólares en un cibercafé para usar una de sus computadores. Averigüe y de seguro encontrará un lugar donde pueda usar una computadora por un breve período de tiempo.

Cuando ya esté en la página web, vaya al área de tarjetas de crédito. Ahí encontrará una lista de calculadoras y de artículos, pero lo que usted busca se encuentra en la casilla superior del lado izquierdo de la pantalla, que dice «Compare ofertas y tasas de tarjetas de crédito en sólo unos pasos sencillos (*«Compare credit card offers and rates in just a few simple steps»*). Luego usted puede elegir el tipo de tarjeta que quiere encontrar:

• Tarjetas de bajo interés: estas tarjetas tienen algunos de los más bajos intereses que pueden encontrarse en el mercado.

• Sin cuotas anuales: como su nombre indica, estas tarjetas no le cobran una tarifa anual.

• Tarjetas aseguradas: estas son tarjetas para personas que han tenido problemas de crédito. Usted deposita una cierta cantidad de dinero en una cuenta intocable de la entidad crediticia y ésta le da una tarjeta de crédito por la misma cantidad. El prestador no corre ningún riesgo porque ya él tiene su dinero en el banco en caso de que usted no pueda pagar los cargos de la tarjeta. Éste es un buen mecanismo para restablecer el crédito y mostrar que puede hacer sus pagos a tiempo.

• Tarjetas de millas de aerolíneas: estas tarjetas le permiten acumular puntos o crédito para redimirlos en viajes aéreos.

• Tarjetas de recompensa: éstas son tarjetas que le permiten acumular puntos para diferentes recompensas, tales como productos gratis o con descuentos, así como dinero para usarlo en la compra de un auto, etc.

En la página web, escoja el tipo de tarjeta que busca, y el sitio le ofrecerá una lista de los mejores negocios que ofrecen los bancos de todo el país. En la lista encontrará información sobre tasas de interés y cargos, períodos de gracia y medios para tener acceso al prestador.

Antes de que empiece a buscar nuevas tarjetas, he aquí unos cuantos puntos que debería considerar:

• Tasas de bajo interés: Podría parecer obvio que las tasas de bajo interés constituyen el mejor negocio, pero eso no siempre funciona. Muchas tarjetas ofrecen una tasa introductoria súper baja, llamada «tasa de atracción», que dura un breve período de tiempo, quizás seis meses. Luego, pasados los seis meses, esa tasa baja asciende al 22 por ciento o algo por el estilo, mucho más alta que las otras tarjetas en el mercado. Por ejemplo, comparemos dos tarjetas: una con una tasa introductoria de un 2,9 por ciento por los primeros seis meses; y luego una tasa del 22 por ciento de ahí en adelante, versus una con una tasa estable de un 12 por ciento. Cada una tiene un saldo de 1.000 dólares. Al cabo de dos años, si usted ha estado pagando el mínimo en ambas tarjetas, el saldo en la tarjeta con una tasa introductoria baja habrá ascendido a la asombrosa cantidad de 15.976 dólares, todo ello debido a esa alza gigantesca de una tasa de interés de un 22 por ciento. El saldo en la tarjeta con una tasa de interés estable del 12 por ciento será de 5.698 dólares. De cualquier modo, pagar tan sólo el mínimo, resulta desfavorable, pero después que esa baja tasa introductoria termine y se aplique la tasa del 22 por ciento, usted estará pagando interés sobre el interés. Esto se llama interés compuesto. Según los cargos de interés se añadan a su saldo, su saldo aumenta, y comienzan a cobrarle interés por el saldo total —que incluye los cargos de interés que ya le han sido añadidos a su cuenta. Eso significa que si usted no puede comenzar a pagar substancialmente más del mínimo, nunca saldará la cuenta. Eso es lo que hace que la deuda se torne ridículamente alta en tan sólo dos años.

• Cuotas anuales: ¿Quiere realmente pagar una cuota anual por el privilegio de usar la tarjeta de crédito de otra persona? Usted ya ha estado pagando interés sobre el dinero que pide prestado, si no puede pagarlo en su totalidad. Elegir una tarjeta con una tasa de interés ligeramente más alta, pero sin cuotas anuales, le costaría menos a largo plazo.

• Tarjetas de recompensa: Éstas pueden ofrecer recompensas atractivas por usar sus tarjetas, pero a menudo conllevan tasas más altas de interés y cargos anuales más elevados. Probablemente no vale la pena el costo para la mayoría de los consumidores.

• Sus tarjetas actuales: Usted puede obtener el mejor acuerdo de todos negociando con [los prestadores de] las tarjetas que ahora mismo tiene. Ellos querrán conservarlo como cliente.

Volveremos a abordar el tema de las tarjetas aseguradas en el séptimo paso.

| | Starting Balance | TEMPTING OFFER RATE APR | Statement Balance | Minimum Payment | Ending Balance | LEVEL RATE APR | Statement Balance | Minimum Payment | Ending Balance |
|---|---|---|---|---|---|---|---|---|---|
| Jan-06 | 1000 | 2.9% | 1029.00 | 41.16 | 987.84 | 12% | 1120.00 | 44.80 | 1075.20 |
| Feb-06 | | 2.9% | 1016.49 | 40.66 | 975.83 | 12% | 1204.22 | 48.17 | 1156.06 |
| Mar-06 | | 2.9% | 1004.13 | 40.17 | 963.96 | 12% | 1294.78 | 51.79 | 1242.99 |
| Apr-06 | | 2.9% | 991.92 | 39.68 | 952.24 | 12% | 1392.15 | 55.69 | 1336.46 |
| May-06 | | 2.9% | 979.85 | 39.19 | 940.66 | 12% | 1496.84 | 59.87 | 1436.97 |
| Jun-06 | | 2.9% | 967.94 | 38.72 | 929.22 | 12% | 1609.40 | 64.38 | 1545.03 |
| Jul-06 | | 22% | 1133.65 | 45.35 | 1088.31 | 12% | 1730.43 | 69.22 | 1661.21 |
| Aug-06 | | 22% | 1327.73 | 53.11 | 1274.62 | 12% | 1860.56 | 74.42 | 1786.13 |
| Sep-06 | | 22% | 1555.04 | 62.20 | 1492.84 | 12% | 2000.47 | 80.02 | 1920.45 |
| Oct-06 | | 22% | 1821.26 | 72.85 | 1748.41 | 12% | 2150.91 | 86.04 | 2064.87 |
| Nov-06 | | 22% | 2133.06 | 85.32 | 2047.74 | 12% | 2312.65 | 92.51 | 2220.15 |
| Dec-06 | | 22% | 2498.24 | 99.93 | 2398.31 | 12% | 2486.57 | 99.46 | 2387.10 |
| Jan-07 | | 22% | 2925.94 | 117.04 | 2808.91 | 12% | 2673.55 | 106.94 | 2566.61 |
| Feb-07 | | 22% | 3426.86 | 137.07 | 3289.79 | 12% | 2874.61 | 114.98 | 2759.62 |
| Mar-07 | | 22% | 4013.54 | 160.54 | 3853.00 | 12% | 3090.78 | 123.63 | 2967.15 |
| Apr-07 | | 22% | 4700.66 | 188.03 | 4512.64 | 12% | 3323.20 | 132.93 | 3190.27 |
| May-07 | | 22% | 5505.42 | 220.22 | 5285.20 | 12% | 3573.11 | 142.92 | 3430.18 |
| Jun-07 | | 22% | 6447.94 | 257.92 | 6190.03 | 12% | 3841.81 | 153.67 | 3688.13 |
| Jul-07 | | 22% | 7551.83 | 302.07 | 7249.76 | 12% | 4130.71 | 165.23 | 3965.48 |
| Aug-07 | | 22% | 8844.70 | 353.79 | 8490.92 | 12% | 4441.34 | 177.65 | 4263.69 |
| Sep-07 | | 22% | 10358.92 | 414.36 | 9944.56 | 12% | 4775.33 | 191.01 | 4584.31 |
| Oct-07 | | 22% | 12132.36 | 485.29 | 11647.07 | 12% | 5134.43 | 205.38 | 4929.05 |
| Nov-07 | | 22% | 14209.42 | 568.38 | 13641.05 | 12% | 5520.54 | 220.82 | 5299.72 |
| Dec-07 | | 22% | 16642.08 | 665.68 | 15976.40 | 12% | 5935.69 | 237.43 | 5698.26 |

# SEXTO PASO

## SALDE SU DEUDA

Si bien pagar sus cuentas a tiempo es fundamental para mejorar su informe de crédito, saldar sus deudas, y tomar medidas para eliminarlas le dará un mayor sentimiento de libertad —además de un informe de crédito limpio. Los acreedores se sentirán complacidos de ver que no tiene gigantescos saldos, especialmente en tarjetas de crédito (deudas rotativas). Es mucho más probable que le extiendan un nuevo crédito si ya no debe una barbaridad de dinero. Y la calificación de crédito toma en cuenta el monto de su deuda en comparación con la cantidad de crédito disponible que usted tiene. Su calificación mejorará si progresa en este aspecto.

### ¿QUÉ PAGAR PRIMERO?

Con varios acreedores en cola para recibir su paga, debe usar una estrategia inteligente para decidir a quien debe pagarle primero. Por supuesto, no puede concentrarse completamente en una deuda porque tiene que pagar por lo menos el mínimo de las otras cuentas. Pero puede confeccionar una lista de prioridades de manera que pueda enviarles todo el efectivo que le sobra a una sola deuda, hasta terminar por eliminarla por completo. Luego, pasaría a la siguiente.

Antes de establecer un plan de pagos, debe pensar en qué cuentas tienen prioridad. Éstas son las que necesita para vivir: las que mantendrán la seguridad y la salud de su familia intactas.

Por cierto, no estamos sugiriéndole que deba intencionalmente descuidar las deudas menos importantes, mientras se concentra en las necesidades. Ahora bien, no debe omitir el pago del alquiler para pagar una cuenta de una tarjeta de crédito porque quedarse sin vivienda es mucho peor. Así, pues, primero viene la casa. Necesita estar al corriente en su alquiler o su hipoteca. Si no lo está, podría quedarse sin tener un lugar donde vivir, y luego sus cuentas de tarjetas de crédito dejarán de ser sus mayores problemas.

En segundo lugar vienen los servicios públicos. Las cuentas de la compañía del gas, la compañía eléctrica y la compañía del agua deben pagarse. ¿Qué sentido tendría el mantener una casa o un apartamento sin condiciones de habitabilidad porque no tenga calefacción, agua corriente o la capacidad de encender las luces? Puede dejar correr las cuentas del cable y del teléfono si tiene que hacerlo (pero tendrá que pagarlas en un futuro). Aunque puede ser difícil imaginar la vida sin ellos, estos servicios son técnicamente artículos de lujo.

También necesita estar al día en lo tocante a sus necesidades de comida y atención médica. Las cuentas del médico que ya debe no son una prioridad, pero sí debe cerciorarse de hacer los pagos del seguro de salud. Usted no quiere dejar que su póliza de salud se interrumpa. Demasiadas familias sin seguros de esta clase terminan con grandes problemas económicos si sobreviene un desastre de salud.

Los impuestos sobre los ingresos, la manutención infantil y las pensiones de divorcio siguen en orden de importancia. Si no paga esas cuentas, puede ir a la cárcel. El IRS o los tribunales podrían decidir embargar su salario (deducirle dinero directamente de su sueldo antes de que le paguen su cheque) para garantizar de que esos ítems se pagan.

Si tiene una gran cuenta de impuestos por pagar, diríjase al IRS para diseñar un plan de pagos. Llame al 1-800-829-1040 o visite la página web www.irs.gov (visite el portal de Esperanza USA en www.esperanza.us para encontrar un enlace). Una vez que haya pagado esas cuentas, debe pensar seriamente en su auto. Si tiene un préstamo o un contrato, la entidad crediticia puede recobrar el vehículo si usted no lo paga. Si tiene problemas con hacer los pagos, contemple la posibilidad de vender el auto y comprar uno más barato. O, si fuera factible (aunque resulte incómodo), considere el uso del transporte público. Si conserva su auto, manténgase al corriente también en el pago del seguro del auto.

Si debe préstamos de estudiante, es buena idea comenzar a pagarlos. Los prestadores pueden embargar su salario o incluso apropiarse de reembolsos de impuestos para cobrarlos. Póngase en contacto con los prestadores a ver si puede diferir los pagos hasta algún momento del futuro, cuando con algún optimismo sus finanzas sean más seguras.

Luego vienen sus préstamos no asegurados, es decir, las tarjetas de crédito. Estas pueden percibirse como lo más difícil de priorizar, pero todo es un asunto de dólares y centavos.

Sencillamente, pague primero las que tienen la tasa de interés más elevada. La razón es sencilla: las tarjetas de crédito con las tasas de interés más elevadas le cuestan más dinero en cargos e intereses al mes. Si tiene tres tarjetas de crédito con tres diferentes tasas de interés, digamos al 22 por ciento, al 18 por ciento y al 15 por ciento, debería liquidar en primer lugar la que le carga el 22 por ciento.

Algunos asesores sugieren que en lugar de pagar primero la tarjeta con la tasa de interés más elevada, debería pagar la tarjeta con el saldo menor. Dicen que usted sentiría una gran satisfacción de tener un saldo reducido a cero, y esto podría darle un incentivo para seguir pagando la deuda. Por supuesto que uno se siente muy bien cuando paga una cuenta, pero si no ataca primero las que tienen las tasas más altas de interés, va a deber más dinero al final. (Esto supone que usted ya haya dejado de usar sus tarjetas de crédito y, en consecuencia, de aumentar sus cargos. Si las sigue cargando mientras intenta pagar las deudas, eso sólo logrará frustrarlo).

Tenga presente que todas las entidades crediticias creen que el dinero que usted les debe es el más importante. No deje que las amenazas de los acreedores cambien su opinión respecto a quién debe pagarle primero. Un vez que establezca un plan, apéguese a él. Por supuesto, si está siendo amenazado por un acreedor que puede quitarle algo que usted necesita, tal como su casa, debe prestarle especial atención a lo que le debe. (Acuérdese del cuarto paso, en que abordamos cómo y cuándo un acreedor puede ponerse en contacto con usted, y las medidas que usted puede tomar para detener cualquier tipo de acoso).

Así como explicamos acerca de deudas buenas y malas en el segundo paso, las hipotecas se consideran deudas buenas. No debería apresurarse a hacer pagos adicionales en deudas aseguradas como su casa. Manténgase al corriente, por supuesto, pero mientras tenga una hipoteca, se beneficiará deduciendo de impuestos los intereses de la hipoteca. Encontrará los mayores ahorros cuando salde sus tarjetas de crédito con los intereses más altos.

## SERVICIO DE ASESORÍA DE CRÉDITO Y CONSOLIDACIÓN DE DEUDAS

Si al parecer no puede equilibrar sus cuentas y el negociar directamente con sus acreedores no le dio los resultados que esperaba, podría querer explorar un servicio de asesoría de crédito al consumidor de parte de una agencia sin fines de lucro. Usted pagará por los servicios, pero estos servicios suelen recargarle más a un acreedor que a un individuo.

El Servicio de Asesoría de Crédito al Consumidor (CCCS, sigla en inglés) ayuda a arreglar sus planes de pago (llamados planes de administración de pagos) con sus acreedores. En lugar de pagarle a sus acreedores directamente, usted le hace pagos mensuales al servicio, y éste a su vez le paga a sus acreedores.

El uso de un servicio como éste es cosa seria. Al igual que la bancarrota, se mantendrá en su informe de crédito por siete años. Por esa razón, no apele a esto como una respuesta fácil a sus problemas. Es más como una opción de último recurso.

Algunas compañías que ofrecen servicios de administración de deudas son muy confiables, mientras otras distan de serlo. Por ejemplo, algunas se toman varios meses para negociar con sus acreedores. Esto puede ser un problema, si usted sigue el consejo que ellos suelen dar de que suspenda los pagos a sus acreedores mientras el proceso de negociación tiene lugar. Si usted está haciendo sus pagos a tiempo, el suspenderlos de repente por seguir el consejo de un servicio de asesoría de deudas, le añadirá algunas marcas negativas a su informe de crédito.

El tratar con un CCCS no elimina necesariamente sus obligaciones de pagar intereses, pero el servicio intentará negociar a ver si los cargos de intereses se suspenden o se reducen, y también solicitará que le eliminen los cargos. Por lo general, los planes de reembolso con un CCCS duran de tres a cinco años. Sus cuentas de crédito probablemente serán suspendidas durante este tiempo de manera que no pueda incurrir en nuevos cargos.

Si usa un CCCS, aparecerá en su informe de crédito. Los

acreedores pueden apuntar en su informe «no está siendo pagada como se convino» y también pueden informar que están recibiendo pagos a través de un servicio en lugar de directamente de usted. Luego de estos apuntes en su informe de crédito, pueden transcurrir varios años antes de que pueda obtener nuevos créditos. Estos apuntes se mantendrán en su informe de crédito durante siete años. La buena nueva es que no tendrá un impacto negativo en su calificación FICO.

Del mismo modo, si no escoge una compañía seria, y le pagan con demora a sus acreedores, habrá una repercusión negativa en su crédito. Aparecerá que los pagos están haciéndose con tardanza y no ayudará en nada que sea un servicio y no usted quien se demore en hacer el pago. Tan sólo porque vea el anuncio de una compañía en la televisión y que diga que no tiene fines de lucro, no significa que sea confiable. Y recuerde que podría salir mejor llamando a sus acreedores usted mismo. Al menos de este modo sabría de seguro dónde van a parar los pagos, y no tendría que hacerle un pago adicional a un mediador.

Para obtener ayuda en la elección de un consejero de crédito, revise el folleto de la FTC: *Idoneidad fiscal: la elección de un asesor de crédito (Fiscal Fitness: Choosing a Credit Counselor)*. Llame al 1-877-FTC-HELP, visite el sitio web www.ftc.gov o encuentre el enlace en el portal de Esperanza (www.esperanza.us). Luego visite el sitio web de la Fundación Nacional para Asesoría de Crédito (www.nfcc .org) o válgase del enlace en la página web de Esperanza, o llame al 1-800-388-2228 para encontrar un asesor o consejero cerca de usted.

Es muy importante buscar un asesor de crédito, cerciorándose de que es confiable y de que no hay quejas de consumidores en su contra. Para verificar un servicio, diríjase al Servicio de Supervisión de Negocios (Better Business

Bureau en su guía telefónica) o visite su sitio por Internet www.bbb.org (o encuentre el enlace en la página web de Esperanza USA). Cerciórese de preguntar por todas las tarifas y cargos por escrito antes de firmar un contrato con nadie. Éstas son agrupaciones sin fines de lucro, pero sus servicios no son gratuitos. No debe esperar una tarifa establecida. Algunas cobran una pequeña tarifa mensual mientras otras cobran cientos de dólares. Lo más barato no necesariamente significa lo mejor, en este caso, pero ciertamente siga buscando.

Cuídese de las organizaciones que piden grandes cantidades de dinero como adelanto. Es aquí dónde muchos consejeros de crédito están implicados en fraudes. Le toman por adelantado una gran cantidad de efectivo, y lo usan para cubrir sus cargos en lugar de aplicarla a sus deudas. Y esto, debido a que su deuda no se paga, puede ponerle a usted y a su crédito en peor situación aún.

Debe cerciorarse de que cualquiera que contrate lo tratará con respeto y le ofrecerá verdaderos servicios. Debe estar dispuesto a ayudarle a crear un presupuesto, a enseñarle a usar su crédito y a emplear más de cinco minutos con usted. No todo el mundo con problemas de crédito tiene los mismos problemas, y usted quiere que el asesor examine su situación específica antes de ofrecerle su consejo.

La Comisión Federal de Comercio (FTC, sigla en inglés) quiere que los consumidores hagan preguntas, tal como lo han publicado en el sitio web de la FTC.

- *¿Qué servicios ofrece?* Busque una organización que ofrezca toda una gama de servicios, incluidos la asesoría de presupuesto, ahorros y clases sobre control de deudas, y asesores que estén preparados y diplomados en crédito del consumidor, en control del dinero y las deudas y en cálculos

presupuestarios. Los asesores deben discutir con usted toda
su situación económica y ayudarle a crear un plan personali
zado para resolver sus problemas presentes y evitar otros en
el futuro. Una sesión de asesoría o consejería inicial dura
una hora, con una oferta de sesiones de seguimiento. Evite
las organizaciones que le proponen un plan de control de
deudas como su única opción antes de dedicar un buen
tiempo a analizar su situación financiera. Los programas de
control de deudas (DMP, sigla en inglés) no son para todo el
mundo. Sólo debe firmar un DMP luego que un asesor de
crédito diplomado haya dedicado tiempo a revisar toda su
situación financiera, y le haya ofrecido un consejo particular
de cómo manejar su dinero. Si estuviera en un DMP con una
organización que cerró definitivamente, pregúntele a cualquier asesor de crédito que usted consulte lo que puede
hacer para conservar los beneficios de su DMP.

- *¿Tiene licencias para ofrecer sus servicios en mi estado?* Muchos estados exigen que una organización se in-
scriba u obtenga una licencia antes de ofrecer asesoría de
crédito, planes de control de deudas y otros servicios semejantes. No contrate a ninguna organización que no haya
cumplido con los requisitos de su estado.
- *¿Ofrecen información gratuita?* Evite organizaciones
que cobren por información sobre la naturaleza de sus servicios.
- *¿Dispondré de un acuerdo por escrito o contrato con
usted?* No se comprometa a participar en un DMP por teléfono. Haga que le pongan por escrito todas las promesas
verbales. Lea cuidadosamente todos los documentos antes
de firmarlos. Si le dicen que debe actuar de inmediato, contemple la posibilidad de buscarse otra organización.
- *¿Cuáles son las cualificaciones de sus asesores? ¿Están
acreditados o diplomados por una organización externa?
De ser así, ¿cuál? Si no, ¿cómo se preparan?* Intente utilizar

una organización cuyos asesores están entrenados por una organización externa que no esté afiliada con acreedores.

• *¿Han quedado satisfechos otros consumidores con los servicios que han recibido?* Una vez que haya identificado a organizaciones de asesoría de crédito que respondan a sus necesidades, verifique su credibilidad con la Fiscalía General de su estado, con una agencia de protección del consumidor y con el *Better Business Bureau*. Estas organizaciones pueden decirle si los consumidores han presentados quejas o querellas contra las organizaciones en cuestión. La ausencia de quejas no garantiza la legitimidad, pero las quejas de otros consumidores pueden alertarlo de la existencia de problemas.

• *¿Cuáles son los costos? ¿Hay cargos fijos o mensuales o ambos?* Obtenga un desglose detallado de los precios por escrito, y pregunte específicamente si todos los cargos están cubiertos en la cuota. Si le preocupa que no puede hacerle frente a esos cargos, pregunte si la organización dispensa o reduce ciertos cargos cuando ofrece asesoría a consumidores que se encuentran en circunstancias como las suyas. Si una organización no lo va a ayudar porque usted no dispone de medios para pagarle, busque ayuda en otra parte.

• *¿Cómo le pagan a sus empleados? ¿A los empleados o a la organización le pagan más si contrato ciertos servicios, pago una cuota o hago una contribución a la organización?* Los empleados que le aconsejan que compre ciertos servicios pueden recibir una comisión si usted decide tomar esos servicios. Muchas organizaciones de asesoría de crédito reciben compensación adicional de los acreedores si usted se inscribe en un DMP. Si la organización no revela qué compensación recibe de los acreedores, o cómo se le compensa a los empleados, vaya a buscar ayuda a otra parte.

• *¿Qué hacen para mantener la información personal de sus clientes (por ejemplo, nombre, dirección, número de*

*teléfono e información financiera) confidencial y seguro?*
Las organizaciones de asesoría de crédito manejan su más
sensible información financiera. La organización debe
tener salvaguardas apropiadas para proteger la privacidad
de esta información y evitar el uso incorrecto de la misma.

## ¿DEBO TRANSFERIR LOS SALDOS
## DE MIS TARJETAS DE CRÉDITO?

Un modo tentador de eliminar tarjetas de crédito con
elevados intereses es transferir el saldo a una tarjeta con
una tasa de interés baja o nula. Esto puede parecer que
le ahorrará dinero, pero es algo que debe analizar con
cautela.

El transferir una deuda en lugar de pagarla no ayudará a
su calificación de crédito. En efecto, perjudicara su calificación. MyFICO.com dice que deber pequeñas cantidades en
diferentes tarjetas de crédito puede reducir su calificación
más que tener un saldo elevado en sólo una tarjeta.

Además, algunas tarjetas que se ofrecen con cero de interés no son siempre lo que parecen.

La mayoría ofrece esas tasas bajas por un cierto período
de tiempo, que oscila entre 6 y 18 meses o un poco más.
Pero cuando la tasa baja caduca, el resto de su saldo estará
sujeto a una tasa de interés más elevada —que en ocasiones
es de bastante más del 20 por ciento. En ese caso, usted está
ahorrando a corto plazo, pero si no tiene un plan para liquidar su deuda sólo está aplazando lo inevitable.

Y cada vez que usted trasfiere un saldo, pagará una tarifa, con frecuencia tan alta como del 4 por ciento del total
que está transfiriendo. Amén de eso, debe ser cuidadoso
con los términos de su nueva tarjeta. Si hace un pago con
retraso, con frecuencia la tasa de interés se disparará y
afectará a la totalidad de su saldo y estará de regreso al
punto de partida.

Algunas de estas tarjetas exigen también que usted haga un mínimo de transacciones nuevas usando la tarjeta para tener derecho a la baja tasa de interés. Si no lo hace, pierde la tasa. (A usted tampoco le interesa aumentar ahora sus deudas en tarjetas de crédito). Y si transfiere saldos varias veces, va a disponer de un montón de tarjetas de crédito sin usar (o esperemos que sin usar), que le van a aumentar substancialmente su línea de crédito cuando las sume todas. Esto puede asustar a futuros prestadores, porque en teoría tiene la capacidad, a partir de todo el crédito de que dispone, de incurrir en demasiados cargos con demasiada rapidez.

Al mismo tiempo, la cancelación de las tarjetas que no usa, tampoco lo ayudarán necesariamente. Si cierra una cuenta vieja, va a reducir su historial de crédito, y eso podría significar una calificación de crédito más baja. Y no lograría borrar la información negativa acerca de esa cuenta en corto tiempo. Los pagos atrasados y otros detalles negativos relacionados con esa cuenta seguirán estando en su informe de crédito por cierto tiempo. Es mejor que conserve sus tarjetas más viejas, mientras pueda resistir la tentación de usarlas. (Por supuesto, si tiene cinco tarjetas con cargos anuales de 75 dólares cada una, podría estar tirando 375 dólares al año).

Si cierra una cuenta, haga que la entidad crediticia haga constar en su informe que la cuenta se cerró a solicitud suya. De esa manera no parece como si el prestador hubiera decidido interrumpir la relación comercial con usted.

Una última nota sobre la transferencia de saldos. Si es dueño de casa, podría estar tentado a usar un préstamo del capital sobre la propiedad, o una línea de crédito sobre ese capital para saldar sus deudas. Esos préstamos le permiten pedir dinero contra el valor de su casa. Ofrecen tasas de interés que son por lo general más bajas que otros préstamos, y los pagos de intereses sobre estos préstamos son por lo general deducibles de impuestos. Pese a esas ventajas, debe considerar estos préstamos con precaución. En esencia está poniendo su casa en juego. Si incumple los pagos de un préstamo o una línea de crédito sobre el capital de la propiedad, arriesga su casa como colateral. El banco podría quitarle la casa si usted no paga. Probablemente no vale la pena el riesgo.

No hay ninguna respuesta correcta o sencilla. Simplemente considere todas las posibilidades antes de decidir sobre una nueva opción de préstamo para saldar sus deudas presentes.

# SÉPTIMO PASO

# AÑADA INFORMACIÓN POSITIVA A SU EXPEDIENTE

Luego de haber encarado sus problemas de crédito y haber comenzado a hacer arreglos para pagar lo que debe, es hora de empezar a añadir información positiva a su expediente de crédito.

Lo mismo si ha negociado con sus acreedores, si ha recurrido a un servicio de asesoría de crédito o si se ha declarado en quiebra, el modo de manejar su crédito de aquí en adelante será el de mostrarles a las entidades crediticias que tiene serias intenciones de mejorar su crédito.

Como ya hemos explicado, hacer pagos a tiempo e intentar pagar sus saldos comenzará a mejorar su calificación de crédito. Pero hay otros medios que pueden ser también de buenas nuevas para los prestadores.

## ADMINISTRE EL CRÉDITO QUE TIENE

Si se ha declarado en quiebra o si ha recurrido a un programa de administración de deudas, probablemente no podrá seguir usando sus antiguas cuentas de tarjetas de crédito. Estas cuentas fueron o serán cerradas después que el saldo haya sido pagado o exonerado. Pero si aún conserva tarjetas de crédito, puede funcionar con las cuentas existentes para establecer un patrón de pagos positivo sobre cargos futuros.

En primer lugar, recuerde las lecciones sobre presupuesto que ha aprendido. Tenga presente cuánto puede gastar antes de comprar cualquier cosa a crédito. Si no puede saldar los gastos de su tarjeta a fin de mes, no compre ni acreciente su deuda.

Pero, para mostrar buenos hábitos de pago a sus prestadores, va a tener que cargar algo [a las tarjetas] y luego pagarlo. El no usar una tarjeta (no obstante lo prudente que pueda ser) no aumentará su calificación de crédito. En cambio, compre un artículo modesto, digamos que valga unos 20 dólares o algo que usted pueda costear, y cárgueselo a su tarjeta, y luego sáldelo a tiempo. O cargue algo que usted fuera a comprar de todos modos, algo que ya es parte de su presupuesto; artículos tales como víveres o gasolina para su auto. Los prestadores verán que usted está haciendo sus pagos a tiempo y que no está aumentando el monto de sus deudas existentes.

También puede tener altos límites de crédito —la cantidad que un prestador le permitirá que usted cargue— en sus tarjetas actuales, y eso puede resultar demasiado tentador. Llame a cada una de sus tarjetas y solicite un límite de crédito menor. ¿Cuánto? Eso depende de lo que usted puede permitirse pagar cada mes. Si usted sólo puede pagar 50 ó 100 dólares, solicite que su límite sea reducido a esa cantidad, o sólo un poquito más alto.

Pero antes de llamar, separe su tarjeta de crédito con el límite de crédito más alto y guárdela para una emergencia. Una vez que tenga un saldo de cero en esta tarjeta, congélela o métala debajo del colchón. Esto exigirá alguna disciplina, pero nunca deberá usar esta tarjeta, excepto para graves urgencias financieras. Use otra tarjeta con un saldo más bajo para sus gastos diarios.

En el futuro, según aumente su historial de crédito positivo y le demuestra a los prestadores que puede pagar sus deudas a tiempo, podrá pedir un aumento en el límite de crédito de sus otras tarjetas.

## SOLICITE UNA TARJETA DE CRÉDITO ASEGURADA

Si se ha declarado en quiebra o ha puesto sus pagos futuros en las manos de un programa de administración de deudas a través de un servicio de asesoría de crédito, es probable que cierren todas sus cuentas actuales. Eso significa que usted necesita establecer su crédito de nuevo —lo cual, desde luego, puede ser difícil dada su historia reciente.

Una de las mejores maneras de establecer nuevo crédito es mediante una tarjeta de crédito asegurada. Un tarjeta asegurada es una tarjeta de crédito que está asegurada o respaldada por un depósito que usted hace en una cuenta de ahorros. Los fondos en esta cuenta de ahorro no están allí para que usted los gaste. Por el contrario, esos fondos son colaterales de la tarjeta de crédito asegurada.

Una entidad crediticia le dará una línea de crédito en base a la cantidad de dinero que usted tenga en la cuenta. A veces su línea de crédito será igual a la cantidad que usted depositó, a veces le darán tan sólo un porcentaje de su saldo. Diferentes tarjetas aseguradas tienen diferentes requisitos de depósito, que por lo general oscilan entre 250 y 500 dólares, y usted ganará interés sobre este dinero. En cuánto al monto de crédito que obtendrá y a la tasa de interés que su depósito ganará, esto variará de un prestador a otro.

Esto no resulta un riesgo fácil para la entidad crediticia. Si usted no paga el dinero que debe en la tarjeta de crédito asegurada, el prestador le retiene el dinero que depositó en la cuenta de banco. Sin embargo, la entidad crediticia quiere lucrar en su cuenta. Como una tarjeta de crédito tradicional, usted deberá intereses sobre cualesquiera de los cargos que usted no sea capaz de pagar en su totalidad cuando llegue su cuenta. Si no paga, la decisión del prestador de tomar el dinero de la cuenta de ahorros no se toma a la ligera, pero usted puede lesionar aún más su crédito si no hace esos pagos. Así, pues, haga los pagos y no sobrecargue la tarjeta.

Las tarjetas aseguradas pueden ser útiles por varias razones. Si usted tuvo dificultades en limitar sus gastos con las tarjetas tradicionales, una tarjeta asegurada tendrá un límite relativamente pequeño. Y, en ocasiones, todo el mundo necesita una tarjeta de crédito. Es difícil alquilar un auto o una habitación de un hotel sin una tarjeta de crédito —y si debido a sus anteriores errores de crédito ya no tiene derecho a obtener tarjetas de crédito tradicionales, una tarjeta asegurada servirá para el mismo fin. Los comerciantes no conocerán la diferencia al ver la tarjeta.

Cuando busque una tarjeta asegurada, cerciórese de que consigue la menos costosa posible. Algunas tarjetas tendrán cargos de cientos de dólares, pero puede encontrar un arreglo mejor. Por supuesto, lo mejor es una tarjeta sin costo, pero es de esperar que la mayoría tenga una tarifa entre 20 y 35 dólares. Algunas también querrán cobrarles los llamados gastos iniciales o de inscripción, mientras otras no. Un pequeño cargo de una sola vez es razonable, pero si la tarjeta le exige mucho dinero, busque una oferta mejor.

Luego de eso, examine detenidamente la tasa de interés y la generalidad del contrato. Las tasas de interés varían, con frecuencia basadas en su historia de crédito. Una búsqueda de tarjetas aseguradas en la página web BankRate.com arroja tarjetas que van desde un 8,9 por ciento hasta un 22,24 por ciento. Lea los contratos para cerciorarse de que las tarjetas tienen periodos de gracia, cargos razonables por demoras y extralimitaciones, y entienda lo que ocurrirá con su cuenta si incumple un pago.

La Comisión Federal de Comercio (FTC) advierte también a los consumidores que estén atentos a las ofertas fraudulentas de tarjetas aseguradas. Los anuncios de estas tarjetas con frecuencia tienen un número telefónico con un prefijo 900 en lugar de un 800. Estas llamadas pueden costarle entre 2 y 50 dólares. La FTC dice también que cualquier anuncio que le promete darle crédito es fraudulento. Nadie puede garantizar el crédito, y los que emiten las auténticas tarjetas de crédito siempre verificarán su informe de crédito antes de otorgárselo.

La mayoría de las compañías no anuncia tarjetas aseguradas, pero sí las ofrece. Pregunte en su banco o busque una tarjeta asegurada en www.bankrate.com.

## SOLICITE UN PRÉSTAMO PEQUEÑO

El mostrar el pago exitoso de un préstamo bancario es otra manera de añadir buenas notas a su expediente de crédito. Visite su banco y solicite un pequeño préstamo personal. Pero no gaste el dinero. Deposite la cantidad que el banco le presta en una cuenta que le gane intereses. Y use el dinero de esta cuenta para reembolsar el préstamo.

En líneas generales, esta estrategia le costará poco dinero en pagos de interés, pero las notaciones positivas en su informe de crédito valdrán la pena. Asimismo, si el dinero que ha pedido prestado está ganando algún interés, usted se ahorrará el costo del préstamo. Los prestadores no saben que usted ha deposito los fondos del préstamo en una cuenta bancaria. Lo que ven es que usted está haciendo sus pagos a tiempo.

## LA OPCIÓN DEL FIADOR

Otro modo de conseguir un préstamo con el crédito afectado es valerse de un fiador. Un préstamo con fiador es aquel en el que hay dos prestatarios: usted y un miembro de la familia o un amigo suyo que tiene mejor crédito. En base al buen nombre de su fiador, el banco puede estar dispuesto a otorgarle un préstamo. Si el banco aprueba al fiador, es un asunto serio. Hay varias precauciones aquí. Si usted incumple con el préstamo, su fiador será responsable por el dinero pedido en préstamo. Si usted no puede hacer los pagos, arriesgará algo más que su crédito. Arriesgará el crédito de su fiador, y su relación con esa persona puede sufrir un gran menoscabo si usted no puede cumplir con las responsabilidades de sus pagos.

Pero si puede hacer los pagos, le agregará alguna información positiva a su informe de crédito.

## LA PACIENCIA ES LA CLAVE

Si toma algunas de las medidas que hemos sugerido aquí para reconstruir su crédito, eso sería estupendo. Pero recuerde, su informe de crédito no relucirá de la noche a la mañana. Sea paciente y realista. Tomó años dañar su crédito, y tomará años producir un cambio positivo a gran escala. Cada vez que haga sus pagos será un buen mes, y lo acercará a un informe de crédito positivo.

# OCTAVO
## PASO NO SE DEJE EXPLOTAR (PRIMERA PARTE)

En tanto repara su crédito, descubrirá que no todos los prestadores van a obrar en pro de los intereses de usted. En lugar de ofrecerle ofertas de crédito razonables, pueden por el contrario intentar sacarle ventaja a su situación. Estos tipos inescrupulosos pueden darse cuenta de que usted está necesitado de efectivo y que su crédito dista de ser perfecto y pueden suponer que pueden aprovecharse de usted.

Por supuesto, no todos los prestadores son estafadores o inescrupulosos. La mayoría simplemente quiere prestar dinero, ganar una tasa de interés razonable y recobrar su dinero en un tiempo prudencial.

Debe reconocer la diferencia entre el negocio justo y el injusto. Y algunos de estos negocios, aun siendo justos, son simplemente demasiado caros y probablemente no valen la pena.

### FINANCIACIÓN DE AUTOMÓVILES

Pocas personas pueden permitirse comprar un auto en efectivo. Así, pues, si necesita un préstamo, los vendedores de autos se sentirán más que dichosos de ayudarle. Ellos anuncian financiación con intereses módicos o sin intereses, y eso atrae a muchos compradores potenciales al salón de exhibición. Desafortunadamente, no todos los consumidores tendrán méritos para la financiación menos cara, por el contrario, los vendedores suelen tener tratos muy caros para personas que no tienen el mejor crédito.

Cuando un vendedor de autos le ofrece un paquete de financiación, hay algo más que simplemente la tasa de interés. El monto del pago inicial, el precio del auto, el tiempo del préstamo y otros factores también afectarán lo que este auto pueda costarle.

Antes de que entre en una agencia para una prueba de conducción, ya sea en busca de un auto nuevo o usado, debe llevar a cabo alguna investigación. Si entra en la agencia de automóviles con suficiente información, obtendrá el mejor trato posible.

*Sepa lo que puede costear*

Antes de visitar una agencia de autos, debe saber cuánto puede gastarse en un auto. Si busca un vehículo nuevo o usado, tiene que revisar su presupuesto para saber cuánto puede permitirse pagar por este concepto mensualmente. No es buena idea probar a conducir el auto de su sueños si usted sabe que no puede costear los pagos. Usted ciertamente no quiere sacar un préstamo si no puede cumplir con sus obligaciones, especialmente mientras intenta reparar su crédito.

Si aún está pagando un montón de deudas de tarjetas de crédito, considere esperar antes de hacer la compra de su auto. La espera le dará unas cuantas ventajas. Le dará más tiempo para pagar sus tarjetas de crédito, que a su vez mejorarán su expediente de crédito y le brindarán una mejor oportunidad de obtener un préstamo de auto en el futuro con una tasa de interés más baja. También le dará tiempo para ahorrar un pago inicial tan grande como sea posible para el auto. Un pago inicial más grande significa que tendrá que financiar menos, de manera que sus gastos mensuales serán más pequeños y se ajustarán mejor a su presupuesto.

*Negocie el precio*

Las agencias de automóviles están llenas de vendedores. El vendedor quiere complacer a los clientes, pero también quiere ganarse su comisión y hacer dinero para la agencia. La mayoría de las agencias negocian los precios de los autos, y es ahí donde tienen sus ganancias: la diferencia entre lo que la agencia paga al fabricante por el auto y lo que finalmente paga el consumidor.

Cuando visite una agencia y mire un auto, verá un cartel en el auto que resalta todas las opciones que tiene el vehículo. Cada opción tendrá un precio, y cuando suma todas las opciones, tendrá lo que se llama el precio de etiqueta del auto. El precio de etiqueta es lo que la agencia querría que usted pagara, pero es mucho más alto que el precio que usted debe pagar.

Existe otro precio que usted debe saber. Se llama el precio de factura. El precio de factura es el precio que el vendedor realmente pagó al fabricante por el auto. Debería invertir en unas cuantas guías de compra de autos, que se encuentran en librerías y puestos de revistas.

Estas publicaciones incluyen los precios de factura. (O visite www.edmunds.com, un sitio web gratis que le da el mismo tipo de información sobre precios). Podrá ver, renglón por renglón, lo que el vendedor pagó en realidad al fabricante por las diferentes opciones de un auto. Cuando recoja estas cifras y las compare con el precio de etiqueta del auto en la agencia, podrá ver en cuánto el vendedor ha aumentado los precios y en qué detalles.

Cuando esté en disposición de negociar un precio para un auto, traiga consigo su información de factura. Cuestione cada renglón del precio de etiqueta y pídale al vendedor que le ofrezca en su lugar el precio de factura. Con frecuencia suelen convenir en estos detalles (excepto en los autos que tienen gran salida y para los cuales usualmente hay lista de espera) porque su objetivo es venderle un auto y para ello están dispuestos a obtener una ganancia menor de lo que piden en la etiqueta.

Los agentes incluso pueden llegar a vender autos por debajo del precio de factura. Los fabricantes les dan a todos los vendedores toda clase de descuentos, de manera que el vendedor ha pagado un precio que incluso está por debajo del precio de factura que aparece en las revistas de automóviles.

Algunos de los mejores negocios de autos pueden encontrarse a fines de año. A partir del otoño, los vendedores intentan salir de los autos que tienen en existencia para tener espacio para los modelos del año siguiente. A veces los fabricantes limitan el número de nuevos modelos que le venderán al agente —a menos que éste pueda salir de todos los modelos del año en curso. Fíjese en los anuncios de los periódicos, en los cuales los vendedores de automóviles le hacen saber al público que están tratando de salir de su inventario y ofrecen toda clase de incentivos, desde descuentos en los precios y reembolsos hasta acuerdos financieros especiales o servicios gratuitos durante un determinado período de tiempo, para inducir a la gente a comprarle los autos.

En cualquier época del año, casi siempre conseguirá un buen acuerdo al comprar un auto que el vendedor ya tiene en su agencia. Si el vendedor tiene que hacer un pedido especial de su auto con un conjunto de ciertas opciones —o conjuntos de menos opciones—, el vendedor será menos flexible con el precio. Ellos quieren salir de los autos que ya ocupan el piso del salón de exhibición. Tenga presente que los modelos que tienen pueden ya estar equipados con algunas opciones que usted no necesita. Si ese es el caso, el precio del auto podría ser muchísimo más alto que el precio que usted tenía pensado pagar.

Si usted hace un pedido de un auto especial, cerciórese de que el vendedor no le incluye accesorios que usted no quiere o no necesita. (El vendedor puede estar intentado recuperar algo de la ganancia que perdió al negociar un precio más barato por el auto mismo). Una de las grandes zonas de ganancias para las agencias son los detalles adicionales, tales como garantías extendidas y carrocería a prueba de corrosión, que no son siempre esenciales y que pueden encarecer muchísimo su compra.

Siempre visite varias agencias de auto y compare los precios. Cuando tenga, digamos, los precios de tres vendedores, llame a los que tienen los dos precios más altos y dígales lo que le ofrecieron en la agencia menos cara. Luego dígale al vendedor o vendedora, que usted consideraría comprarle el auto si pueden ofrecerle un precio aún más bajo que el del vendedor menos caro. Con mucha frecuencia lo ofrecen.

### Explore sus opciones financieras

Podría parecer que usted, en primer lugar debe encontrar el auto que quiere y preocuparse luego de financiarlo. Esa no es la mejor estrategia. En la agencia de automóviles, usted podría estar tentado a tomar cualquier financiación que le ofrezcan, especialmente si el auto lo entusiasma. Si bien hacer la financiación con el vendedor puede resultar conveniente, no es el único lugar adonde ir a pedir dinero prestado para un auto.

La financiación es otra área donde la agencia de automóviles tiene ganancias. La agencia hace arreglos con las instituciones de crédito para poder ofrecerle un préstamo allí mismo. Además, el vendedor verificará su informe de crédito antes de hacerle cualquier oferta, y la oferta se basará en parte en su historial de crédito.

En primer lugar, entienda que no importa que clase de financiación le ofrezca el vendedor, ésta carece de valor a menos que esté puesta por escrito. El vendedor no es capaz de garantizarle ninguna oferta de financiación, porque estos acuerdos provienen de la persona encargada de las finanzas en la agencia. Luego, sepa que no importa cuántas veces la agencia haya ofrecido en sus anuncios préstamos con muy bajo o ningún interés, si usted no tiene un crédito sólido, el agente probablemente no le dará ese trato. Esas tasas usualmente se reservan para clientes que tienen informes de crédito casi perfectos.

Cualquiera que sea la tasa de interés que le ofrezca la persona de finanzas, negocie y sepa que usualmente no le harán la mejor oferta al comienzo. Los agentes tienen relaciones con varios bancos, de manera que pueden ofrecer diferentes opciones de préstamo a los compradores. Algunos bancos permiten que los agentes de autos tengan una ganancia adicional en la financiación al inflar la tasa de interés que le ofrecen al comprador. Por ejemplo, si el agente vendedor le ofrece un 9 por ciento, sepa que es muy probable que el préstamo que él está obteniendo del banco está financiado al 7 por ciento.

Cuando usted aborda el tema del financiamiento con un agente de automóviles, con frecuencia éste pregunta: «¿qué clase de pago mensual desea usted?». Esta es una pregunta capciosa, de alguna manera, porque, en dependencia de cómo el agente manipule las cifras, pueden ofrecerle casi cualquier tipo de pago mensual. Cambiando la tasa de interés, la cantidad inicial, la extensión del período de pago del préstamo, el precio del auto usado que usted puede entregar —todo esto puede alterar el monto del pago mensual. (Para obtener información gratuita sobre el valor de los canjes, visite www.kbb.com el sitio web del Libro Azul de Kelley). Aunque usted debe saber lo que puede costear cada mes, el agente de autos no necesita saber eso. Debe negociar primero el precio del auto, y luego la tasa de interés. El determinar el pago mensual en base a esas cifras deberá ser lo último. Otras instituciones crediticias pueden ofrecerle un préstamo mejor que la agencia de automóviles —y usted debe verificar esas ofertas antes de ir a la agencia. Casi todos los bancos, cooperativas de crédito y prestadores a través de Internet ofrecen préstamos para la compra de automóviles. Debería llamar a su banco y a otras instituciones financieras de la localidad y ver lo que pueden ofrecerle. Luego visite BankRate (www.bankrate.com) para ver que ofertas puede encontrar ahí.

Estas entidades crediticias revisaran su crédito y, si lo aprueban, le darán un límite de crédito basado en la cantidad que usted dice necesitar. Luego le emitirán un cheque en blanco para que usted lo use para la compra, pero que no está obligado a usar.

Usted lleva este cheque al agente cuando negocie el precio del auto; pero al principio, no le dice al agente que lo tiene. Hay menos probabilidades de que negocien un precio barato para el auto si saben que usted es esencialmente un comprador y que no podrán sacar ninguna ganancia en un arreglo de financiación con usted.

Y recuerde, como consumidor, usted tiene la capacidad de retirarse de cualquier acuerdo antes de firmar los documentos. Si se siente presionado durante cualquier parte del proceso de compra, retírese. Si se siente confundido o cansado, podría cometer un error o convenir en condiciones que no obran en su favor ni que son las mejores que podría conseguir. Retírese. Siempre se puede hacer otra negociación.

### Si no puede pagar

Al igual que una hipoteca, un préstamo de auto es un préstamo asegurado. El prestador o bien retiene el título del auto, o bien mantiene un gravamen *(lien)* sobre el título del auto, hasta que se salde el préstamo. (Los préstamos personales de un banco son diferentes, pero siguen habiendo graves consecuencias para su crédito si usted no paga). Si suspende los pagos del préstamo de su auto, la entidad crediticia puede expropiarlo o recobrarlo. Y si eso pasa, usted sigue siendo responsable por el dinero que debe del préstamo, y tendrá algunas notas negativas en su informe de crédito.

Si un nuevo obstáculo financiero se presenta en su camino y no puede hacer su pago a tiempo, debe hablar con el prestador, de la misma manera que haría con una tarjeta de crédito. Explique lo que ocurre y por qué su pago se retrasará. Hasta podría negociar un diferente plan de pagos.

Si es incapaz de llegar a un acuerdo, debe estar al tanto de las leyes de recobro de la posesión que rigen en su estado. En algunos estados las entidades crediticias se apoderan de su auto tan pronto como deja de hacer un pago, mientras en otros estados, deben esperar más tiempo. En algunos estados, la entidad crediticia debe ir al tribunal o presentarle una advertencia por escrito de que intenta recobrar el auto, y en otros estados, simplemente manda un camión de remolque a que se lo lleve de su casa, o incluso de un garaje cerrado, sin ninguna advertencia previa.

Si la entidad crediticia recobra su auto, puede intentar venderlo para recuperar parte del dinero que aún le adeudan. En dependencia del estado donde usted viva, el prestador puede tener que notificarle a usted de la venta para darle la oportunidad de que usted lo vuelva a comprar —si puede pagar el préstamo completo. Si esto ocurre, usted podría ser responsable de los gastos en que el prestador ha incurrido para llevarse su auto, incluidas las costas legales y los gastos de estacionamiento.

## Un nuevo engaño todos los días

Los consumidores que ya poseen sus propios automóviles deben estar prevenidos contra un nuevo tipo de préstamo predatorio, ofrecido por entidades crediticias que otorgan préstamos sobre títulos de autos que están libres de gravámenes.

Según la Federación del Consumidor de América (CFA, sigla en inglés), una asociación sin fines de lucro de aproximadamente 300 agrupaciones que favorecen al consumidor, los llamados prestadores sobre títulos de autos le cobran a los consumidores hasta un 300 por ciento de interés anual por pequeños préstamos en efectivo que valen una fracción del valor real del automóvil. Estos préstamos deben saldarse por lo general 30 días después de recibidos.

La encuesta de la CFA, llevada a cabo a fines de 2005, se concentró en pequeñas entidades crediticias en once estados y en la Internet, y encontró que casi la mitad de los estados permiten préstamos predatorios sobre los títulos, ya mediante leyes poco rigurosas, ya por negligencia en corregir deficiencias en los préstamos al consumidor.

Como promedio, estas entidades crediticias cobran un 25 por ciento mensual de cargos financieros, lo cual se traduce en un 300 por ciento de interés anual. Los préstamos por Internet son aún más caros, con tasas que ascienden hasta un increíble 651 por ciento. La encuesta descubrió que los prestadores usualmente exigen que los consumidores les entreguen un duplicado de las llaves (del auto) cuando reciben el préstamo.

El incumplimiento de estos préstamos puede significar en muchos casos la perdida del automóvil, y los prestatarios son aún responsables de pagar la deuda aún si el prestador vende el auto. La lección aquí es: no pida dinero prestado sobre un automóvil que ya está pagado.

## HIPOTECAS Y PRÉSTAMOS PREDATORIOS

Cuando la mayoría de las personas compra una casa, necesitan un préstamo, llamado hipoteca, para completar la compra. Las hipotecas vienen de muchas formas y tamaños, y antes de solicitar alguna, debe saber qué pasa con eso. Desafortunadamente, mientras muchas entidades crediticias son de fiar, otras son «predatorias» y carecen de ética. El préstamo predatorio es un actividad ilícita que se caracteriza por una variedad de prácticas abusivas, entre ellas el cobro de tarifas excesivas. Nos referiremos a esto más adelante. Primero, debe saber qué productos están disponibles y a la mano, de manera que usted pueda reconocer qué prestadores son honestos. (Para más información sobre el proceso de comprar una casa, consulte mi libro *Compre su casa ahora*).

### Tipos de hipotecas

Los préstamos de tasa fija son préstamos que tienen el mismo pago cada mes. La mayoría de los préstamos de tasa fija duran 15, 20 y 30 años.

La ventaja de un préstamo de tasa fija es que usted siempre sabrá a cuánto ascenderá el pago de su casa, y el que resulta muy fácil de manejar dentro del presupuesto. Y no importa hacia donde vayan las tasas de interés, sus pagos mensuales por su préstamo seguirán siendo los mismos. Las tasas de interés fijo puede también resultar desventajosas. Si las tasas hipotecarias se reducen y usted tiene un préstamo de tasa fija, no podrá obtener una tasa más baja a menos que refinancie todo el préstamo. Y con un préstamo de tasa fija, usted paga de alguna manera intereses más elevados de lo que pagaría en un préstamo de tasa ajustable (que abordaremos enseguida). Eso es así porque la entidad crediticia se arriesga al otorgarle una tasa fija, aun si pudiera ganar más en el camino cuando la tasa de interés aumente. Si su plan es permanecer en su casa por más de cinco años, los expertos por lo general recomiendan que elija un préstamo de tasa fija.

Los préstamos de tasa ajustable tienen tasas de interés más bajas al principio del período de reembolso, pero en algún momento, que varía según el préstamo de 6 meses a 7 años después de que comienzan los pagos, en dependencia del préstamo, se ajustará la tasa de interés. Eso significa que su tasa podría aumentar o disminuir, de manera que el monto mensual del pago de su hipoteca aumentaría o disminuiría. Estos cambios en la tasa de interés usualmente entran en vigor cada 3, 6 ó 12 meses, en dependencia del préstamo. Existe usualmente un mínimo y una tasa de interés mínima a la que el préstamo puede ajustarse.

Si usted se propone mudarse de la casa antes de que la tasa de su préstamo comience a cambiar, un préstamo de tasa ajustable podría ahorrarle dinero.

La ventaja de un préstamo de tasa ajustable es que las tasas son por lo general más bajas que los préstamos de tasa fija. Eso significa un pago mensual más barato. Y si usted resulta afortunado a largo plazo y las tasas de interés se reducen, podría tener un préstamo mucho más barato que uno de tasa fija.

Ya que el pago mensual, al menos al comienzo de un

préstamo de tasa ajustable, es más pequeño, los comprado
res pueden usualmente tener derecho a una hipoteca mayor
de la que podrían costear con un préstamo de tasa fija.
Suena tentador, pero se está aventurando con un préstamo de tasa ajustable. Estos préstamos son algo riesgo-
sos porque nunca se sabe hacia dónde van a ir las tasas de
interés.

La hipoteca reembolsable al vencimiento *(balloon mortgage)* es otro tipo de préstamo de vivienda, y puede ser muy
peligrosa. Parece atractiva al principio, ya que usualmente
tiene una tasa de interés baja y módicos pagos al comienzo
del préstamo. Estos pagos módicos usualmente duran entre
5 y 7 años, en dependencia del préstamo. Los consumidores que no pueden tener derecho a un préstamo de tasa
fija o de tasa ajustable pueden ser aprobados para hipotecas reembolsables al vencimiento debido a los módicos
pagos.

Pero éstas pueden convertirse en un desastre financiero.
Después de que el período de los pagos módicos termina,
los prestatarios pueden hacer un pago de vencimiento igual
a la cantidad pendiente de la hipoteca. Luego, usted consigue una nueva hipoteca para reembolsar el préstamo. Pero
si el prestatario es incapaz de obtener esa nueva hipoteca
—y quién realmente sabe de seguro lo que va a hacer su situación financiera en 5 ó 7 años—, perderá la casa.

### Costos y cargos
Comprar una casa puede ser caro. Hay todo género de
cargos asociados con una hipoteca: algunos son negociables, otros no lo son. Échele un vistazo aquí a algunos de
los más comunes:

• TASA de interés: Ya hemos explicado las tasas de interés, la que le han impuesto con la hipoteca. Las tasas de in-

terés cambian a diario. Cuando ande en busca de una hipoteca, deberá estar muy atento a la manera en que cambian las tasas, cómo varían. Si está investigando sobre préstamos de tasa ajustable, cerciórese de que entiende cuándo y cuánto sus tasas de interés podrían subir. Usted puede negociar su tasa de interés, y cuanto mejor sea su crédito, tanto mejor la tasa que obtendrá.

• APR: Ésta es una verdadera tasa de interés que usted paga cuando toma en consideración todos los costos, incluyendo los puntos y los costos de cierre. Usted no puede llegar a negociar la APR, pero puede negociar los costos subyacentes, tales como los puntos.

• Puntos: Los puntos son un cargo que se le paga al prestador, usualmente en efectivo, en el momento del cierre. Cada punto vale un uno por ciento del monto total de la hipoteca. Usted puede pagar puntos para reducir su tasa de interés. Hay muchísimos préstamos que no tienen puntos, de manera que usted puede solicitar una hipoteca sin ningún punto.

• Iniciación del préstamo o cargo por proceso de evaluación, o ambos: Estos son cargos que se aplican por preparar el préstamo. Generalmente incluyen una verificación de crédito, una verificación de empleo y una tasación de la propiedad y el tiempo y el trabajo empleados en evaluar y decidir sobre la credibilidad del comprador. Estos cargos no son negociables.

• Costos de cierre: También se les llama costos de transacción. Se refiere a los gastos generales que usted pagará para cerrar el préstamo. Algunos, como los cargos por la preparación de documentos, son negociables, en tanto otros, como el seguro del título, no lo son.

• Seguro privado de hipotecas: Si no tiene un pago inicial que ascienda al 20 por ciento del valor de la propiedad que está comprando, la entidad crediticia puede exigirle que compre un seguro privado de hipotecas (PMI, sigla en inglés). El PMI es esencialmente una póliza de seguro que protege a la entidad crediticia en caso de que el comprador incumpla el préstamo. El costo del PMI se añadirá mensualmente a su pago de la hipoteca. Una ley aprobada en 1999 dice que los prestadores debe terminar automáticamente su PMI en la mayoría de los casos una vez que usted haya alcanzado un valor de capital acumulado en la propiedad *(equity)* de un 22 por ciento, si sus pagos están al día. También puede solicitar de la entidad crediticia que cancele el PMI una vez que haya alcanzado el 20 por ciento de capital acumulado en la propiedad. Existen algunas excepciones para préstamos de alto riesgo o si sus pagos no están al día. Para estar seguro, consúltele a su prestador.

*Señales de préstamo predatorio*
Si un prestador quiere imponerle cargos adicionales que no puede justificar, usted podría ser víctima de un préstamo predatorio. A continuación, un resumen de los abusos más comunes:

• Cargos excesivos: Cada hipoteca tendrá cargos, pero, ¿se cobra en demasía? Si una entidad crediticia no puede explicar por qué se imponen ciertos cargos, hay muchas probabilidades de que no sean costos válidos. Los préstamos legales típicamente tienen cargos que ascienden al menos del uno por ciento del valor del préstamo. Los préstamos predatorios por lo general imponen cargos que ascienden al cinco o más por ciento del valor del préstamo.

• Multas por pago anticipado: Muchas hipotecas incluyen las llamadas multas por pago anticipado. Eso significa que si usted salda el préstamo antes —acaso porque quiera refinanciar la hipoteca para obtener mejores condiciones después de que su tasa de crédito haya mejorado—, encarará una multa por pago anticipado. Estas multas son básicamente un cargo que le impondrán para saldar el préstamo antes de tiempo.

• Sobornos a los corredores inmobiliarios: si utiliza un corredor inmobiliario para encontrar un préstamo, la entidad crediticia puede pagarle al corredor algo llamado una prima del margen de rendimiento. Esto es básicamente un gratificación ilegal o soborno que se le paga al corredor cuando ha podido venderle a un comprador una hipoteca con una tasa de interés inflada, o más alta de lo que el prestador está dispuesto a ofrecerle al comprador.

• Productos innecesarios: Productos que no se necesitan, tales como ciertos seguros, pueden venderse junto con el préstamo paga generarle ganancias adicionales al prestador.

• Arbitraje forzoso: Algunos préstamos exigen que el comprador convenga en un arbitraje forzoso. Si un comprador accede a esto, estará renunciando a su derecho a recurrir a los tribunales a ventilar una disputa con la entidad crediticia respecto al préstamo.

• Pérdida del capital acumulado sobre la propiedad: Eso se encuentra en algunos préstamos sobre el capital acumulado en la propiedad. La entidad crediticia le ofrece un préstamo, basado en el capital acumulado en su casa, no en su capacidad de saldarlo en base a sus ingresos. Si usted no puede hacer los pagos, arriesga su casa, y podría perderla si incumple.

• Préstamo reiterado: La entidad prestataria o el corredor pueden sugerirle que refinancie el préstamo varias veces, recomendándole a menudo que pida prestado más dinero. Cada vez que usted refinancia se imponen nuevos cargos que acrecientan su deuda.

• Provocar y cambiar: Cuando se presenta para cerrar el

préstamo, el papeleo refleja cargos más altos y una tasa de interés más elevada de la que usted originalmente negoció. El prestador lo apremia entonces a que usted firme el acuerdo de todos modos.

*Programas del gobierno*

Usted pudiera tener derecho a condiciones de préstamo más favorables a través de programas del gobierno, tales como préstamos asegurados por el Departamento de Vivienda y Desarrollo Urbano (HUD, sigla en inglés). Estos programas están disponibles para familias de bajos y medianos ingresos en todo el país. Para más información, llame al 1-800-466-3487 o visite el sitio en la red de HUD en www.hud.gov (el enlace también lo puede encontrar en la página web, de Esperanza). También, con sólo llamar al 1-800-569-4287, puede encontrar en su zona una agencia asesora de viviendas aprobada por el HUD.

La Administración Federal de Viviendas (FHA, sigla en inglés) es una división del HUD. Esta agencia asegura hipotecas, lo cual le permite a las entidades crediticias ofrecer hipotecas a compradores que podrían no tener el crédito, los ingresos o los ahorros para obtener un crédito de otro modo.

El Departamento de Asuntos de Veteranos (VA, sigla en inglés) tiene programas especiales para veteranos, personal en servicio activo y sus cónyuges. El VA, que garantizará las hipotecas, puede localizarse en el 1-800-827-1000 o en www.va.gov (o en el enlace que aparece en nuestra página web).

El Departamento de Agricultura de EE.UU. tiene el Servicio de Viviendas Rurales que cuenta con programas para personas de bajos y medianos ingresos que quieran comprarse una casa. Los préstamos que se ofrecen a través de estos programas pueden usarse para construir casas nuevas, comprar casas que ya existen o hacer mejoras domésticas. No hay un número de teléfono 800, pero para encontrar el número de alguna de las oficinas locales o estatales, visite el sitio web www.rurdev.usda.gov.

# NOVENO
## PASO NO SE DEJE EXPLOTAR (SEGUNDA PARTE)

Cuando uno percibe un rumor de efectivo, la atracción del dinero fácil puede ser poderosa. Los prestadores inescrupulosos conocen esto y están preparados para aprovecharse de usted. Se anuncian con ofertas que parecen salvar la situación: dinero y rápido. No son exactamente usureros, ya que no lo amenazan con romperle las piernas si usted no paga. Los cargos que esos prestadores imponen son tan altos que esos préstamos pueden resultar muy gravosos. Pero sabiendo cuánto efectivo puede llegar realmente a costarle, usted no será presa de sus tentadoras ofertas de pedir prestado su propio dinero.

### PRÉSTAMOS DEL DÍA DEL COBRO

A veces el día del cobro parece remoto, especialmente cuando hay cuentas por pagar. Algunos prestadores intentarán aprovecharse de su impaciencia, ofreciéndole un préstamo por el dinero que usted espera recibir de su empleador. Pero por supuesto, usted ha de pagar un precio exorbitante.

Estos préstamos, llamados por lo general préstamos del día del cobro, también se conocen por otros nombres: préstamos de dinero adelantado, préstamos de cheque adelantado, préstamos de depósito de cheque diferido. Llámense como se llamen, son caros. Son préstamos a corto plazo, usualmente duran unas pocas semanas o menos. Y funcionan de esta manera:

Por lo general, el prestatario —usted— libraría un cheque personal a nombre de la institución financiera que va a hacer el préstamo. Escribe el cheque por la cantidad que quiere pedir prestada, más la tarifa que le imponen por el préstamo. El prestador entonces le dará efectivo por la cantidad que aparece en el cheque, pero se quedará con la tarifa y guardará el cheque que usted le ha dado hasta su día de cobro, o hasta el momento en que usted dice que tendrá el dinero en su cuenta del banco. Si usted no paga ese préstamo en el tiempo convenido, le imponen recargo por extensiones.

La tarifa aquí es lo que resulta cuestionable. Varían, pero puede esperar que un prestador le imponga un cargo, bien como un porcentaje de lo que va a prestarle, bien que tenga una tarifa preestablecida por la cantidad que usted pide, tal como 20 dólares por cada cien. En consecuencia, ¿Cuál es el costo real de estos préstamos? La Comisión Federal de Comercio ofrece este ejemplo. Digamos que usted acude a un prestador del día del cobro y escribe un cheque personal por 115 dólares para pedir prestados 100 dólares por 14 días. El prestador le da los 100 dólares y conviene en mantener el cheque sin cambiar hasta el próximo cobro. El costo de este préstamo para usted es el cargo financiero de 15 dólares, que equivale a un 391 por ciento APR. Luego, en dependencia del trato hecho, cuando pasan los 14 días, o paga los 115 dólares o extiende el préstamo por otras dos semanas por otros 15 dólares. Usted puede incluso extenderlo otros 14 días después de eso. Si usted extiende el préstamo tres veces, el cargo financiero se elevaría a 60 dólares por un préstamo de 100. Un préstamo muy caro, como puede ver.

Conforme a la Ley de Veracidad en el Préstamo, las entidades crediticias dan a conocer por escrito tanto los cargos financieros como la tasa de porcentaje anual (ARP) de un préstamo. Incluso si el prestador revela esta información, los préstamos del día de cobro son simplemente una mala idea. No sólo los cargos son exorbitantes —¿aceptaría usted una tasa de interés del 391 por ciento en una tarjeta de crédito?—, sino que también van a meterlo en problemas financieros. Si usted se mantiene gastando el dinero que aún no ha ganado, va a continuar en el ciclo de las deudas. Si necesita pedir dinero prestado, hágalo con inteligencia. Estudie los préstamos con mejores condiciones que ofrecen bancos y otras instituciones de crédito de prestigio sólido. Incluso, le vendría mejor el adelanto en efectivo de una tarjeta de crédito, aunque eso no es realmente recomendable.

Usted debe también operar sus finanzas con inteligencia. Considere el usar una cooperativa de crédito para sus necesidades bancarias. Las cooperativas de créditos son instituciones financieras que pertenecen y son controladas por las mismas personas que usan sus servicios. Los clientes de las cooperativas de créditos se llaman miembros. Las cooperativas de crédito fueron establecidas por personas que tienen algo en común, tales como miembros de una iglesia, ex alumnos de una universidad o empleados de una compañía.

Las cooperativas de crédito no existen para el lucro, sino para proporcionar a los miembros un modo de tener cuentas bancarias y de sacar préstamos a tasas de interés razonables. Las cooperativas de crédito ofrecen cuentas corrientes y de ahorros, y la mayoría de ellas también ofrece préstamos, desde hipotecas hasta tarjetas de crédito e incluso préstamos del día del cobro. Estas tasas son generalmente mejores que las que puede obtener si entra en cualquiera de los grandes bancos. Muchas incluso ofrecen servicios bancarios por Internet y por teléfono. Así pues, antes de tomar un préstamo en cualquier otro lugar, vea lo que una cooperativa de crédito puede ofrecerle.

## PRÉSTAMOS POR ANTICIPOS
## DE REEMBOLSO

Cuando usted hace su declaración de impuestos, probablemente espera obtener un reembolso del Servicio de Rentas Interno (IRS, sigla en inglés). En dependencia de si hace su declaración por correo o por Internet, podrían pasar varias semanas o incluso varios meses antes de que reciba su reembolso. Con cuentas que pagar, es probable que usted ande buscando conseguir ese dinero antes.

Una vez más, los prestadores están dispuestos a adelantarle de inmediato una cantidad de dinero igual al monto del reembolso que usted espera. Por un estipendio, desde luego. Muchos de los que preparan las declaraciones de impuestos ofrecen los llamados préstamos de anticipo de reembolso (RAL, sigla en inglés) que le permiten recibir el dinero que el IRS le debe con mucha mayor antelación.

El Centro Nacional de Derecho del Consumidor (NCLC, sigla en inglés), una organización sin fines de lucro que se especializa en problemas del consumidor orientada hacia personas de bajos ingresos, y la Federación del Consumidor de América (CFA, sigla en inglés) han hecho un estudio de la industria del RAL. Para el 2004, encontraron que aproximadamente 12,38 millones de contribuyentes norteamericanos gastaron 1.600 millones de dólares al obtener reembolsos anticipados a través de estos préstamos RAL. Estas instituciones dicen que el costo de los préstamos RAL oscila entre 29 y 1.120 dólares en cargos, y algunas compañías que preparan las declaraciones de impuestos también cobran gastos administrativos y de formularios. Y por un cargo adicional de entre 20 y 39 dólares, los consumidores pueden conseguir los préstamos el mismo día. Cuando usted reúne todos estos cargos y computa la tasa de interés anual de los RAL, puede ascender aproximadamente al 40 por ciento (para un préstamo de 9.999 dólares) a más del 700 por ciento (para un préstamo de 200 dólares). Si se cobran gastos administrativos y se incluyen en el cálculo, la tasa de porcentaje anual de los RAL oscilaría entre aproximadamente el 70 por ciento hasta más del 1.800 por ciento.

Para este año, el estudio dice que un RAL para el reembolso promedio de aproximadamente 2.150 dólares costará unos 100 dólares. Un préstamo en esas condiciones conlleva un APR efectivo de alrededor del 178 por ciento. Si el contribuyente recurre a los servicios de un preparador que cobra unos 30 dólares adicionales de costos administrativos, el APR efectivo incluidos los costos administrativos sería de un 2.235 por ciento. Añádale a estos cargos la tarifa por la preparación de impuestos y llegará a un gran total de 276 dólares como promedio, según el estudio. Además, si el contribuyente quiere un RAL «instantáneo», puede añadir una cifra adicional de 20 a 39 dólares.

Los contribuyentes de bajos y medianos ingresos son los receptores más frecuentes de un RAL. Según el Servicio de Rentas Internas (IRS), el 79 por ciento de los que solicitaron estos préstamos en 2003 tenían ingresos brutos ajustados de 35.000 dólares o menos.

Los críticos denuncian que el dinero usado para pagar esos préstamos —reembolsos del Crédito Tributario por Ingresos Devengados (EITC, sigla en inglés), el cual abordaremos en el décimo paso— se supone que ayude a las familias de bajos ingresos, pero en lugar de eso está yendo a parar a los bolsillos de los prestadores. También arguyen que la verdadera tasa porcentual se le oculta a los consumidores porque los cargos adicionales no se toman en cuenta cuando los prestadores les explican las tasas de interés a los primeros. Y debido al complicado procedimiento que hay que seguir para recibir el Crédito Tributario por Ingresos Devengados, los contribuyentes con frecuencia solicitan los servicios de entidades comerciales que preparan las declaraciones de impuestos y que ofrecen préstamos por ayudar a llenar estos formularios. Eso efectivamente pone a los consumidores necesitados en las manos de prestadores cuestionables.

En lugar de recurrir a un RAL, usted puede obtener dinero con bastante rapidez por usted mismo y sin grandes costos ni cargos. El método más rápido para obtener su reembolso es enviando su declaración de impuestos por vía electrónica. La mayoría de los que preparan sus impuestos ofrecen este servicio, o usted puede preparar su propia declaración de impuestos por Internet. Cuando haga su declaración, puede decirle al IRS que deposite su reembolso directamente en su cuenta de banco. Sencillamente proporciónele su número de cuenta y el número de operación bancaria *(routing number)*, que aparece impreso en la parte inferior de sus cheques, y puede esperar recibir su reembolso en aproximadamente diez días, sin cargos adicionales.

Si necesita alguien que le prepare la declaración de impuestos, puede encontrar uno a través de la Asistencia Voluntaria para la Preparación de Impuestos (VITA, sigla en inglés) un servicio auspiciado por el IRS. Estas personas le prepararán su declaración de impuestos libre de cargos (para contribuyentes con ingresos bajos y moderados). Para encontrar uno de estos servicios, llame a la línea de asistencia del IRS 1-800TAX-1040 o visite la página web del IRS (www.irs.gov). También puede revisar un estudio de la CFA y del NCLC llamado «Sigue siendo un mal negocio: cuídese de los préstamos inmediatos por reembolsos tributarios» *(Still a Bad Deal: Beware of Quick Tax Refund Loans)* en la página web www.consumerfed.org.

## DEUDA CON FIADOR

Si bien hemos hablado de cómo usted puede desear, bajo ciertas circunstancias, pedirle a alguien que le sirva de fiador para un préstamo, debe evitar el convertirse en fiador usted, especialmente una vez que su crédito esté reparado.

Ser fiador significa poner su nombre en un préstamo. Si el prestatario principal incumple con el préstamo, usted va a ser responsable de hacer los pagos. Y si usted no puede costearlo, es su informe de crédito el que se va a perjudicar.

Conforme a la ley federal, el prestador o entidad crediticia debe entregarle una notificación escrita que explique sus compromisos con el préstamo. La cual le dirá:

• Si el prestatario no paga la deuda, usted tendrá que hacerlo.

• Si el prestatario no paga, usted puede ser responsable de los cargos por retraso y de los cargos de cobranza además del monto total que el prestatario deba.

• En dependencia de la ley estatal, la entidad crediticia puede tener la opción de intentar cobrarle la deuda a usted antes de intentar cobrársela al prestatario principal. Eso podría significar demandas legales o embargo de salarios si no paga.

Incluso si la entidad crediticia no le pide que pague, el daño a su informe de crédito podría significar que usted no podría obtener préstamos que pudiera necesitar para sus propios fines. Los acreedores verán que este préstamo emerge como parte de sus obligaciones. Las deudas de fiador pueden ser una búsqueda de problemas. Si pese a esto, usted decide servir de fiador para un préstamo de todos modos, hay algunas medidas que puede tomar para adquirir algunas protecciones:

Antes de firmar, si decide hacerlo, puede pedirle al prestador que limite sus obligaciones, tales como cargos por tardanza u otros costos. El prestador puede estar dispuesto a cambiar el contrato para reducir su responsabilidad en caso de que el prestatario principal no pague. Pídale al prestador que convenga en notificarle si el prestatario principal se retrasa o incumple un pago. Eso le dará algún tiempo para hacer pagos de respaldo antes de que se incumpla con el préstamo y se haya hecho un perjuicio real.

# DÉCIMO PASO

## EVITE VOLVER A COMETER EL MISMO ERROR

Hay algo más en su vida financiera que el tener un buen crédito. Pero su crédito será uno de los fundamentos para alcanzar las metas de su vida. Si quiere llegar a tener su propia casa, ahorrar para la universidad y la jubilación o simplemente dejar de vivir de cobro en cobro, debe tener el poder para mejorar su bienestar económico. Una vez que usted haya controlado sus gastos y haya comenzado a pagar sus cuentas a tiempo, puede desviar su atención hacia el futuro.

### MANTENGA EL AUTOCONTROL

A través de este libro, hemos explicado los pasos que puede dar para controlar sus hábitos económicos. Nadie es perfecto, e incurrir innecesariamente en una o dos compras innecesarias es de esperar. Pero usted debe tener presente cuáles son sus objetivos a largo plazo. Antes de comprar algo —especialmente si no lo está pagando en efectivo—, pregúntese si la compra contribuirá a esos objetivos. ¿Vale la pena que la ropa nueva o los artículos domésticos que compra le retrasen el cumplimiento de lo que serían para usted sus otras metas? Cada dólar que usted gaste que no sea para reducir sus deudas o para ahorrar para el futuro retrasará su oportunidad de alcanzar otras metas.

Cerciórese de que evalúa periódicamente sus ideas sobre crédito y gastos. El calendario de reembolsos que usted establezca es flexible. En dependencia de cómo van las cosas, puede demorar o acelerar su plan. Cada unos cuantos meses, échele otro vistazo a su plan general y vea qué cambios han tenido lugar.

No importa cuán difícil resulte, recuerde ceñirse a su presupuesto. Ésta es su principal herramienta para controlar sus gastos. Hacerle un repaso al final de cada mes le permitirá reajustar su plan. Si gastó demasiado en comer fuera un mes, puede reajustar su plan para el próximo mes. Si asignó más fondos de los que necesitaba para cualquier fin, puede redirigir esos dólares para ser añadidas a necesidades.

He aquí otras ideas para ser añadidas a su presupuesto:

• Contemple la idea de trabajar más. Todo el mundo necesita tiempo libre, pero el pago de sus deudas es una meta, y usted puede contemplar el aceptar más trabajo para acelerar el pago de sus deudas. Un turno adicional, o 25 ó 50 dólares más por semana que pueden destinarse al pago de sus deudas, serán una gran diferencia a largo plazo. Quizá pueda trabajar algún tiempo adicional o reservar una noche a la semana para un empleo de jornada parcial. Un trabajo nuevo también podría significar descuentos de empleado, considere pues conseguirse un empleo en una tienda donde compra a menudo. Ahorrar el 15 por ciento o más en las compras podrá valer más que el salario que reciba.

• Guarde el cambio: Al final del día, muchos de nosotros vaciamos nuestros bolsillos o carteras con monedas, el cambio sobrante de las compras del día. Consígase una vasija grande y tire su menudo ahí. Al final del mes, lleve el cambio al banco y use el dinero para un pago adicional de deudas. Las moneditas pueden llegar a sumar una cantidad importante con el tiempo.

• Revise su presupuesto: Échele otro vistazo a su presupuesto. ¿Podría su familia vivir sin una de sus comidas fuera cada semana? Una cena para una familia de cuatro, a menos que compre una pizza, le costará por lo menos 20 dólares. Esos 20 dólares, cuatro semanas al mes, le darán 80 dólares. Usted en cambio usará parte de esos 80 dólares en víveres para cocinar en casa, pero el resto puede ir directo a sus deudas.

• Reoriente los pagos: Cuando termine de pagar una deuda, ¡felicitaciones! Usted no sólo ha despejado algo del dinero que debe, sino que también ha liberado algún dinero cada mes. Tomemos el pago de 250 dólares mensuales por un auto. Digamos que ha terminado de pagar el auto. Siga pagando esos 250 dólares por mes, pero en lugar de hacerlo por su auto, envíelo a una tarjeta de crédito. O póngalo en una cuenta de ahorros. En cualquier lugar, menos en su bolsillo. Es la oportunidad perfecta de disponer de una cierta cantidad de dinero —cada mes— para ayudarle a alcanzar sus objetivos a largo plazo.

• Utilice su aumento: Si es lo bastante afortunado para conseguir un aumento en el trabajo, fantástico. Aquí tiene algún dinero a su disposición para alcanzar sus metas. Resulta tentador gastar el dinero adicional, pero resista esa tentación. Mire nuevamente su presupuesto, y aumente lo que está pagando en alguna de sus deudas en base a la cantidad de su aumento. Si devenga 20 dólares adicionales por semana, u 80 al mes, aumente el pago de una de sus deudas por esa cantidad. Y si ya ha pagado sus deudas, aumente el nivel de sus ahorros con la cantidad del aumento.

### PÁGUESE USTED PRIMERO

Páguese usted primero. Es un dicho que los promotores de cuentas de ahorro y de cuentas de inversiones han estado repitiendo a lo largo del tiempo. ¿Qué significa eso?

Páguese usted primero significa que antes de pagar sus cuentas, usted debe reservar un dinerito para usted mismo. No el dinero para gastar en tiempos de necesidad ni para compras frívolas sino dinero para un objetivo a largo plazo. Mientras sus deudas sean grandes, pagarse a usted primero no es la mejor idea. Aunque quiera tener dinero en el banco, es más importante para usted reducir su deuda. Pero una vez que el peso de la deuda esté controlado, el pagarse a usted primero debe ser su mantra. Ponerse un plan de ahorros es fácil. Lo primero que debe hacer es cerciorarse que no deja su capacidad de ahorrar a la casualidad. Que no dependa de usted el reservar dinero en una cuenta separada. La tentación de usar esos fondos es demasiado grande. En lugar de eso, aproveche los llamados planes de ahorro automáticos.

Los planes de ahorro automáticos son exactamente como lo indica su nombre. Instruye a una institución financiera que tome dinero directamente de su salario o de su cuenta corriente a intervalos regulares. Pueden depositar el dinero a nombre suyo en una cuenta separada. Puede escoger el tipo de cuenta en que se ahorran los fondos y hay muchas opciones, en dependencia de sus planes para el dinero.

Sea cual fuere el tipo de cuenta en la que se propone ahorrar y para cualquier fin, fíjese en estas cifras. Ahorrando 25 dólares al mes durante 10 años le dará 3.000 dólares. Durante 20 años, le dará 6.000 —y eso sin contar los intereses. Si estos son fondos a largo plazo, invertidos en la bolsa (de lo cual hablaremos en un momento) y si los fondos ganaran un promedio de un 8 por ciento al año, su cuenta tendría 14.725 dólares en 20 años. Cincuenta dólares al mes en el mismo escenario sería 29.451 dólares. Muy bien. ¿Imagine cómo su dinero podría crecer si usted reserva más?

*Fondos de emergencia*

El primer tipo de cuentas de ahorro que debe establecer se conoce como un «fondo de emergencia». Un fondo de emergencia es una cuenta de banco en la cual usted guarda fondos para —precisamente— situaciones de emergencia. Éste es un dinero adicional al que usted recurriría si perdiera su empleo, no pudiera pagar en efectivo por una reparación vital de su casa o algún otro gasto inesperado.

Los expertos dicen que el método práctico es que sus fondos de emergencia deben ser equivalentes a sus gastos de tres a seis meses. Si usted suma todas sus cuentas mensuales y las multiplica por tres, esa es la cantidad que necesita tener en un fondo de emergencia que equivalga a tres meses de gastos.

Eso probablemente parezca que es mucho, y ciertamente lo es. Pero un fondo de emergencia es el próximo paso razonable a dar si usted quiere tener un plan de protección en el caso que se presenten problemas de dinero.

¿Cómo comenzar? Poco a poco, a pasitos. ¿Puede reservar incluso 10 dólares al mes en un fondo que no tocará, a menos que hubiera alguna grave crisis financiera? Probablemente pueda. Comience por cualquier cantidad sin la cual pueda vivir. Luego abra una cuenta para usarla tan solo para esos fondos. Debe ser una cuenta de ahorros, o aún mejor, una cuenta de mercado de valores (que los bancos ofrecen). Las cuentas de mercado de valores son esencialmente cuentas de ahorro que pagan mejores intereses. Y con muchas instituciones financieras, cuanto más usted tenga en la cuenta, tanto mayores son los intereses que le pagarán. Aunque podría ser capaz de ganar más invirtiendo en la bolsa, este dinero no es un dinero que puede darse el lujo de perder.

Así pues, o decide depositar los fondos cada mes, o ve si

su empleador le permitirá transferir directamente algunos fondos de su salario a su cuenta de emergencia. Si su empleador le ofrece esto, usted no tendría que llenar más que un formulario diciéndole al empleador cuánto quiere que le depositen, con cuanta frecuencia y en qué cuenta. Tendrá que proporcionar el número de cuenta y el número de identificación del banco, los cuales puede obtener cuando abra la cuenta. De este modo, no tendrá que pensar en reservar dinero. Es un piloto automático para usted. Una vez que abra su fondo de emergencia, puede pensar en objetivos a más largo plazo. Por ejemplo, si quiere abrir una cuenta para el pago inicial de una casa, use la misma estrategia. Pero si realmente se refiere a largo plazo, para la jubilación, es tiempo de hablar de inversiones.

### La bolsa de valores

La bolsa de valores no es un lugar para un dinero que usted no pueda darse el lujo de perder. Pero si usted no planifica para usar el dinero con 20 ó 30 años de antelación —tal como las cuentas que puede querer reservar para su retiro—, necesita, y debería, correr algunos riesgos con el dinero. Eso significa invertir.

La bolsa de valores es una maquina compleja, pero cualquiera puede entender sus rudimentos. Los valores son simplemente la propiedad de una compañía. Cuando usted compra una acción de un valor, compra un pequeño fragmento de la propiedad de la compañía. Cuando a los negocios de la compañía le van bien, o tienen una perspectiva positiva para su futuro, el valor de sus acciones sube. Cuando la compañía se enfrenta a tiempos difíciles, el precio de sus valores desciende. Nadie sabe —ni siquiera los analistas de mercado que hablan en la televisión sobre la bolsa— hacia dónde irán los valores y cuáles, sin duda, ganarán dinero.

Pero históricamente, los valores de la bolsa tomados en su conjunto, han ganado dinero. Montones de dinero. Algunos años el valor de las acciones sube, otros años baja. Pero como promedio, en el transcurso del tiempo, la bolsa de valores es el lugar para crear riqueza.

Fijándose en la historia de una compañía, su plan empresarial, sus productos y clientes, los observadores pueden aprender mucho acerca de ella. Pero seamos realistas: ¿quién dispone de ese tiempo? Los corredores de bolsa lo tienen. Estos son los tipos que toman decisiones que aportan mucho dinero a inversionistas grandes y pequeños por igual. Si usted no tiene el tiempo para dedicarse a investigar, como la mayoría de los inversionistas, debe considerar en invertir en fondos mutualistas.

Los fondos mutualistas son simplemente cestas de valores. El colector de valores, llamado gerente de un fondo mutualista, examina la bolsa y decide qué valores cree que ganarán dinero. El gerente del fondo luego reúne el dinero de los inversionistas —gente como usted y yo, es decir, los que están interesados en invertir— y compra acciones individuales que él o ella cree que ganarán dinero a largo plazo. Esas acciones entran en la cesta llamada fondo mutualista.

Los fondos mutualistas vienen en cientos de sabores. Todos tienen diferentes objectivos, lo cual quiere decir que utilizan diferentes estrategias para alcanzar sus objetivos. Algunos compran valores en desarrollo, que se supone crezcan rápidamente, mientras otros compran acciones de valor, que son de la variedad que crece con mayor lentitud y estabilidad. Otros se concentran en un área de la bolsa, tales como la atención médica o la tecnología. Sin embargo, otros se conocen por filosofías de inversión conservadoras, y otros son más agresivos, y aún otros son moderados, de algún modo a medio camino entre ambos extremos.

El tipo de fondos que le venga bien a usted dependerá de varios factores, incluidos sus objetivos, cuántos años planea mantener el dinero en la cuenta (llamado también horizonte temporal) y su tolerancia al riesgo. La tolerancia al riesgo es una medida de cuántos altibajos de la bolsa pueden ponerlo nervioso o inquieto por su cuenta. Si está invirtiendo a largo plazo, tiene tiempo de soportar los años en que a la bolsa de valores y su fondo mutualista les vaya mal. No hay ninguna garantía, pero en líneas generales, con el transcurso del tiempo, usted probablemente ganará dinero. Si puede comenzar a invertir en un fondo mutualista a través de un plan de inversiones automático, y olvidarse de que el dinero está allí, a largo plazo lo verá crecer.

*Planes de ahorro a largo plazo*
Si está en disposición de ahorrar para su jubilación, tiene varias opciones. La primera a considerar es el plan de jubilación de su empleador, de tener éste alguno.

En dependencia del tipo de compañía para la que trabaje, puede invertir en un plan 401(k) o 403(b). Estos planes de nombre tan poco interesantes provienen de los códigos de impuestos que los crearon. En cualquier caso, le permiten contribuir con un porcentaje de su salario al plan, y luego puede elegir de entre varios fondos mutualistas donde invertir sus contribuciones. En 2006, la ley le permitía contribuir con un máximo de 15.000 dólares. Si tiene más de 50 años, le permiten una contribución adicional de 5.000 dólares. Es bastante dinero, y usted no tiene por qué invertir eso. Usted decide lo que puede permitirse ahorrar, y lo ahorra.

Los planes patronales ofrecen varias ventajas:

• Son convenientes. Usted le dice al empleador cuánto quiere ahorrar y los fondos se los sustraen directamente de su cobro. No tiene que acordarse de reservar fondos, ni estará tentado a gastar el dinero que nunca le han puesto en la mano.

• Le ahorran impuestos. Los fondos que ahorre para un plan patronal son previos a las contribución impositiva. Eso significa que el dinero lo sacan de su cobro antes de impuestos. De manera que si gana 25.000 dólares al año y decide invertir 3.000 dólares en su plan patronal, los 3.000 dólares van a su cuenta íntegros, libres de impuestos. Luego cuando llene su declaración de impuestos le habrán gravado, en este ejemplo, de un impuesto total de 22.000, no de 25.000, reduciendo potencialmente su responsabilidad fiscal. Otro modo de mirarlo: si invierte 20 dólares de su salario, sólo verá unos 16 dólares menos en su cobro, porque los 20 dólares fueron invertidos antes de los impuestos. Esos mismos 20 dólares, si se los pagan después de extraídos los impuestos, se reducirían a 16.

• El dinero aumenta diferido de impuestos. Eso significa que mientras el dinero crece, usted no tiene que pagar impuestos por las ganancias en la cuenta (como sí tendría que hacerlo si invirtiera en un fondo mutualista fuera de un plan patronal). He aquí un ejemplo. Digamos que invierte 50 dólares al mes en un plan de retiro patronal, y el fondo gana un 8 por ciento al año como promedio en el transcurso de 20 años. Ese fondo en veinte años habría ascendido 29.451 dólares. Si usted invirtiera la misma cantidad en un fondo mutualista que no fuese diferido de impuestos, su cuenta sólo ascendería a 26.136 dólares —debido a los impuestos que ha tenido que pagar en el transcurro del tiempo. Si puede invertir con impuestos diferidos, debe hacerlo.

• Puesto que los fondos ahorrados en un plan patronal están destinados a la jubilación, tendría que pagar una multa severa si decide retirar el dinero antes de que usted tenga 59 años y medio. La multa sería de un 10 por ciento y también debería los impuestos sobre los fondos que retiró.

Si su empleador no ofrece un plan patronal de jubilación, usted aún puede ahorrar el suyo propio, en otro vehículo de ahorros llamado Cuenta de Retiro Individual (IRA, sigla en inglés). Hay dos cuentas de IRA disponibles. Una se llama IRA Roth, la otra, IRA tradicional.

Los IRA tradicionales son como cualquier otra cesta, y usted puede elegir qué inversiones, al igual que los fondos mutualistas, van a caerle en la cesta. Los fondos invertidos en un IRA tradicional crecen diferidos de impuestos, lo cual quiere decir que no tendrá un gravamen sobre estos ingresos hasta que extraiga el dinero. También puede hacer una deducción en su declaración de impuestos, en dependencia de su nivel de ingresos, por el dinero que ha reservado en el IRA tradicional.

Los IRA Roth son un poco diferentes. Al igual que el IRA tradicional, sus ahorros crecen diferidos de impuestos. La gran diferencia es que usted no puede deducir su contribución en su declaración de impuestos; pero es aún mejor, cuando usted saca sus fondos de un IRA Roth, usted no debe impuestos de las ganancias. Cada centavo que extraiga se lo puede quedar.

Al igual que los planes patronales de jubilación, lo multarán si retira el dinero de cualquier tipo de IRA antes de los 59 años y medio de edad. Hay algunas excepciones si quiere sacar el dinero de un Roth, tales como discapacidad, grandes cuentas médicas o usar los fondos para la compra de una casa por primera vez. Y puede retirar las contribuciones a un Roth —no las ganancias— en cualquier momento sin que le impongan una multa. Pero se supone que intentará mantener los fondos aquí a largo plazo ya que usted tiene un nidal para el futuro. A usted se le permite contribuir hasta un máximo de 4.000 al año a cualquier clase de IRA en el 2006. Si tiene más de 50 años, puede contribuir con otros 1.000 adicionales (Si por alguna razón, abre tanto un IRA como un Roth, sepa que sus contribuciones totales entre ambas cuentas no pueden pasar del límite de 4.000 dólares por año). Hay otro incentivo para que contribuya con un IRA o un plan patronal. Se llama crédito del ahorrador. Si gana menos de 25.000 al año (o menos de 50.000 para una pareja casada) puede recibir un crédito en sus impuestos por el 50 por ciento de su contribución, hasta 2.000 dólares. No obstante otros planes de ahorro merecen consideración.

Si no tiene un plan patronal o si por alguna razón no está dispuesto a comprometer su dinero por tan largo tiempo en un IRA, todavía puede invertir en fondos mutualistas que no se encuentran dentro de estos vehículos que ahorran impuestos. Le gravarán las ganancias anuales de sus inversiones, de manera que los ahorros no serán tan grandes, pero aún estará reservando dinero para su futuro.

Para enterarse mejor de cómo funcionan estos programas de ahorro, y acerca de los fondos mutualistas y las inversiones en el mercado de valores en general consulte BankRate.com (www.bankrate.com) y Morningstar.com (www.morningstar.com) un prestigioso servicio de fondos mutualistas.

### OTRAS VENTAJAS FISCALES

Existe ayuda adicional para usted, si sólo se fija en su declaración de impuestos. El gobierno federal, y muchos gobiernos estatales, tienen créditos de impuestos que pueden ayudarle a ahorrar en su factura fiscal. Eso terminará por poner más dinero en su bolsillo para pagar cuentas o para programas de ahorro.

### Crédito Tributario por Ingresos Devengados (EITC)

El Crédito Tributario por Ingresos Devengados (EITC, sigla en inglés) llamado también Crédito por Ingresos Devengados (EIC), es un estupendo programa federal que puede ayudarle a ahorrar un montón de dinero. El EITC está orientado hacia los que ganan modestos jornales. Si usted tiene derecho, el EITC puede eliminar o al menos reducir los impuestos que debe. Si no está obligado a pagar impuestos, o si el crédito es mayor de los impuestos que debe, recibirá un pago en efectivo, o un reembolso, del Servicio de Rentas Internas (IRS). La razón: el gobierno quiere que los obreros de bajos ingresos dispongan de un efectivo adicional si trabajan para ganarse la vida.

Quince estados y el Distrito de Columbia ofrecen programas similares, disponibles a los trabajadores en esos estados que tienen derecho para el programa federal. Su idoneidad para el programa no afectará su capacidad de recibir otros beneficios, tales como cupones de alimentos, Medicaid o subsidios de vivienda. Los inmigrantes legales también tienen derecho.

Para tener derecho, usted y su cónyuge, o ambos, deben trabajar y ganar menos de cierta cantidad. Para el año tributario 2005, trabajadores sin niños deben haber ganado menos de 11.750 dólares. Si tiene un hijo, tiene que ganar menos de 31.030 dólares, y con dos o más hijos, debe ganar menos de 35.263 dólares. Los límites son 2.000 dólares más para los que están casados.

Su situación individual afecta cuánto EITC puede reclamar. Para el año tributario 2005, un trabajador con un hijo puede recibir un máximo de 2.662 dólares. Si tiene dos o más hijos, la cantidad máxima es de 4.400 dólares. Sin hijos, usted puede recibir 339 dólares. Las cantidades reales variarán en dependencia de su situación. Para el 2006, las cifras son ligeramente más altas. Usted puede tener derecho al EITC si tiene dos o más hijos y gana menos de 36.348 dólares; si tiene un hijo y gana menos de 32.001; y si no tiene hijos y gana menos de 12.120. Si está casado, el límite de ingresos es 2.000 dólares más. El máximo de crédito para el 2006 es de 4.536 dólares con dos o más hijos; con un hijo, 2.747 dólares y, sin hijos, 412 dólares.

También puede recibir el EITC en varios pagos después de su declaración de impuestos, como un dinero esparcido a lo largo del año, que llega como parte de su cobro regular. Esto es una excelente manera de regular su presupuesto. Para solicitar el crédito, debe presentar su declaración de impuestos al IRS y rellenar los formularios que se exigen.

*Crédito por cuidado de niños y dependientes*
Este crédito también está a su disposición si le paga a alguien que cuide a sus hijos (menores de 13 años) o a cualquier otro dependiente (tal como un cónyuge o un progenitor que no pueda valerse) mientras usted trabaja.

El crédito es un porcentaje, basado en su ingreso bruto ajustado, de la cantidad de gastos en que usted incurre para pagarle a alguien que le cuide a un hijo o a un dependiente cuando usted se encuentra en el trabajo. El crédito puede variar entre el 20 y el 35 por ciento de gastos justificados, en dependencia de sus ingresos. Para 2005, el máximo crédito posible oscila de 600 a 1.050 dólares por un hijo, y de 1.200 a 2.100 dólares por dos o más hijos. Para tener derecho, debe haber recibido ingresos de jornales, salarios o propinas. Si está casado/a, usted y su cónyuge deben tener ingresos, a menos que uno de los dos sea estudiante o incapaz de valerse por sí mismo/a.

### Crédito tributario infantil

Si tiene un hijo mejor, probablemente puede tener derecho a este crédito tributario. Si su hijo (o hija) es ciudadano/a residente o nacional de EE.UU., tiene menos de 17 años a fines del año y comparte su hogar por la mayor parte del año tributario, usted puede considerar a su hijo un dependiente. En general, el crédito tributario infantil está limitado por su responsabilidad fiscal. Si el crédito le da más dinero del que usted debía en impuestos, sus impuestos se reducirían a cero, pero usted no recibiría ningún reembolso. Pero si el monto del crédito tributario infantil es mayor que el monto de sus impuestos sobre los ingresos, y usted puede aducir la custodia de otros hijos, podría recibir algún reembolso. Y si tiene derecho, puede incluso recibir el Crédito por cuidado infantil y de dependientes y el Crédito Tributario por Ingresos Devengados.

# EPÍLOGO

Ahora disponemos de una comprensión y un método para desarrollar y ampliar su crédito. Sin embargo, hay algunas personas que creen que es demasiado tarde para rectificar su reputación. Es importante entender que no importa cuál sea su situación de crédito, usted si puede cambiar su futuro. Ahora tiene el conocimiento que necesita para efectuar un cambio positivo.

Aun en las situaciones más desesperadas tiene la opción de recurrir a la quiebra o bancarrota. Cientos de miles de norteamericanos han pasado por un proceso de quiebra, y hoy día tienen un crédito normal. Desafortunadamente, hay algunos que, aun después de pasar por una quiebra, no parece que puedan dejar de vivir por encima de sus medios.

Al principio compartía con los lectores un texto sagrado que definía el amor al dinero como la raíz de toda clase de males. Hay en efecto muchas manera en que podemos adquirir una disciplina espiritual que nos ayude a vencer la necesidad o el deseo de gastar los recursos que no tenemos. Hace bastante más de medio siglo, Norman Vincent Peale, un famoso predicador, escribió un libro titulado *El poder del pensamiento tenaz,* en el cual compartía un sistema que muchas personas de fe han usado a través de miles de años para enfrentarse y combatir la falta de confianza en sí mismas. Muchas personas tiene «malos hábitos de crédito» debido a la falta de conocimiento, pero otros padecen de una compulsión que los incapacita para controlar sus gastos.

A continuación encontrará diez reglas sencillas y viables para vencer nuestra incapacidad de controlar partes de nuestras vidas. Estas reglas funcionan también como un método para ayudarnos a ejercer nuestra fe. Miles de personas han usado estas reglas, y han dado a conocer resultados muy positivos. Lleve a cabo este programa y usted también aumentará la confianza en sus propios poderes. Usted también disfrutará de una nueva sensación de poder y de control de sus gastos.

1. Grábese en la mente un retrato indeleble de usted mismo como persona de éxito. Conserve ese retrato tenazmente. Nunca permita que se le borre. Su mente buscará desarrollar ese retrato. Nunca piense de usted mismo como alguien que fracasa ni dude de la realidad de esa imagen mental. La mente siempre intenta completar lo que imagina, de manera que siempre imagine el «éxito», no importa cuán malas parezca que le van las cosas en el momento.

2. Siempre que le venga a la mente un pensamiento negativo acerca de sus poderes personales, deliberadamente enuncie un pensamiento positivo que lo elimine.

3. No levante obstáculos en su imaginación. Desprecie los llamados obstáculos. Redúzcalos a la mínima expresión. Las dificultades deben ser estudiadas y enfrentadas con eficiencia. Deben ser vistas solo por lo que son y no infladas por el miedo.

4. No se sienta anonadado por otras personas e intente imitarlas. Nadie puede ser usted de manera tan eficaz como USTED mismo. Recuerde también que la mayoría de las personas, pese a mostrar confianza en su apariencia y trato, con frecuencia están tan asustadas y dudosas como usted.

5. Repita estas palabras dinámicas diez veces al día, «si Dios está con nosotros, quién puede estar contra nosotros»

(Romanos 8:31). (Deje de leer y repítalas ahora mismo lenta y confiadamente).

6. Consígase un consejero competente que le ayude a entender por qué usted hace lo que hace. Entérese del origen de su complejo de inferioridad y de su faltas de confianza en sí mismo. El conocimiento de uno mismo conduce a la cura.

7. Diez veces al día practique la siguiente afirmación: «Todo lo puedo en Cristo que me fortalece» (Filipenses 4:13). Repita esas palabras AHORA. Esa afirmación mágica es el antídoto más poderoso que hay sobre la tierra contra los pensamientos de inferioridad.

8. Haga un estimado de su propia capacidad, luego auméntele un diez por ciento. No se vuelva egoísta, pero adquiera un sano respeto por usted mismo. Crea en sus propios poderes otorgados por Dios.

9. Póngase en manos de Dios. Para hacer eso, diga simplemente. «Estoy en las manos de Dios». Crea entonces que está recibiendo AHORA todo el poder que necesita. «Sienta» que ese poder está fluyendo dentro de usted. Afirme que «el reino de Dios está entre ustedes» (Lucas 17:21) en la forma de un poder idóneo para responder a las exigencias de la vida.

10. Recuerde que Dios está con usted y que nada puede derrotarlo. Crea que usted ahora RECIBE poder de parte de ÉL.

Si podemos creer en los textos sagrados y podemos aplicarlos a nuestras vidas, debemos ser capaces de comenzar, paso a paso, una transformación de nuestro crédito y de nuestras vidas espirituales. Esto no es ni un simple programa de prosperidad ni una formula para hacerse rico, ¡procedimientos que no funcionan! Se trata de un enfoque disciplinado para ahorrar y gastar que puede ayudarle a

usted y a sus hijos, a su familia y a sus amigos. En la medida
en que comience reconocer el poder del dinero como una
herramienta para invertir en su vida terminará por descu-
brir que puede afectar todas las facetas de su existencia presente y futura. Usted se encuentra ahora en el ápice de
comenzara a comprender lo que Dios quiere de usted
cuando su crédito sea restaurado. Tendrá la oportunidad
de usar su dinero para efectuar cambios positivos en su familia, amigos, barrio, comunidad, incluso en esta nación e
internacionalmente, dependiendo tan sólo por el sitio
donde decida dar algo tan sencillo como una donación de
25 dólares. Cuando agregamos nuestras pequeñas donaciones a las pequeñas donaciones de los demás podemos
ver como se realizan grandes cosas. Todas estas cosas se
pondrán a su alcance cuando usted dé el primer paso en
mejorar su crédito. Dé ese paso ahora. Le invito a visitar
www.esperanza.us donde encontrará más información
sobre este tema.

# FUENTES

Craig Watts
MyFico.com
Cell 707-695-5619
Oficina 415-492-5399
Casa 707-778-8443
craigwatts@fairisaac.com

American Bankruptcy Institute (www.abiword.com)
BankRate.com (www.bankrate.com)
The College Board (www.collegeboard.org)
CardWeb.com,Inc. (www.cardweb.com)
Consumer Federation of America (CFA) at
www.consumerfed.org, encuesta titulada
«Driven into Debt: CFA Car Title Loan Store and
   Online Survey».
Equifax: 800-685-1111 (www.equifax.com)
Experian: 888-EXPERIAN, 888-397-3742
(www.experian.com)
Federal Reserve (www.federalreserve.gov)
Findelaw.com
FTC Web site: www.ftc.gov
The Star-Ledger
www.mvelopes.com
National Foundation for Credit Counseling (www.nfcc.org)
TransUnion: 800-916-8800 (www.transunion.com)

# AGRADECIMIENTOS

Quiero darle las gracias a mi familia que ha sido benévola conmigo mientras yo trabajaba en este proyecto. A mis colegas de labor, la Srta. Larsen y el Rdo. Del Valle, gracias a ambos por sus colaboraciones. Karin Price Mueller merece especial gratitud por su enorme esfuerzo en hacer este libro útil y accesible a nuestra comunidad. Espero que podamos trabajar juntos de nuevo en el futuro. A los planificadores de finanzas Reed C. Fraasa y Michael Gibney, de *Highland Financial Advisors* en Riverdale, N.J., gracias por ayudarnos con la verificación de los datos. Mi sincero aprecio a Judith Curr, vicepresidenta de Atria Books, por ser una visionaria y por alentar la publicación de esta serie. Gracias a mi editora Johanna Castillo por su gran paciencia y por su voluntad de recorrer la otra milla para lograr que este libro saliera a la luz. También a Amy Tannenbaum por su ayuda y apoyo. Gracias al maravilloso equipo de Atria Books: Gary Urda, Michael Selleck, Sue Fleming, Christine Duplessis y Melissa Quiñónez que han hecho tantas contribuciones valiosas.

# SOBRE LOS AUTORES

**El reverendo Luis Cortés Jr.** es el presidente y director ejecutivo de Esperanza USA, la mayor corporación hispana de orientación religiosa para el desarrollo comunitario que existe en el país. En enero de 2005, la revista *Time* lo destacó como uno de los «25 líderes evangélicos más influyentes».

**Karin Price Mueller** es una escritora premiada y productora de televisión. Es columnista sobre temas de finanzas personales para *The Star-Ledger*, el periódico de mayor circulación en Nueva Jersey, y frecuente colaboradora de varias revistas, entre ellas *Ladies' Home Journal*. Mueller es la autora de *Online Money Management* (Microsoft Press 2001). Comenzó su carrera en la televisión como productora para CNBC y CNN-f. Vive en Nueva Jersey con su marido, tres hijos, un perro y dos salamanquesas.